POLYGLOTT-REISEFÜHRER

W0188597

Holland

*Mit 22 Illustrationen sowie
27 Karten und Plänen*

POLYGLOTT-VERLAG
MÜNCHEN

Herausgegeben von der Polyglott-Redaktion
Verfasser:
Ib Withen, Paul H. Ewerlöf und Torben J. Meyer
Deutsche Bearbeitung: Egon Althoff
Zeichnungen: Vera Solymosi-Thurzó und Ib Withen
Karten und Pläne: Franz Huber, Gert Oberländer und Ferdinand Helm
Umschlag: Prof. Richard Blank

★

Wir danken der Niederländischen Fremdenverkehrszentrale, Köln,
und der Generalvertretung der Niederländischen Eisenbahnen,
Düsseldorf, für die uns gewährte Unterstützung.
Ergänzende Anregungen, für die wir jederzeit dankbar sind,
bitten wir zu richten an Polyglott-Verlag, Redaktion,
8 München 40, Postfach 40 11 20.
Alle Angaben (ohne Gewähr) nach dem Stand April 1974.

★

Zeichenerklärung:

🏨 Erstklassige Hotels   🏨 Gute Hotels
🏠 Einfache Hotels und Pensionen
△ Jugendherbergen   © Campingplätze
🚂 Eisenbahnverbindungen   🚌 Autobusverbindungen
⛴ Schiffsverbindungen   ✈ Flugverbindungen
🚠 Bergbahn   SB Schwimmbad

★

Aussprache des Niederländischen:

ch	wie ch in Krach	*ou*	wie au
ei	wie äi (ähnlich dem nieder-rheinischen ei)	*s*	wie ß in Maß
eu	wie ö	*sch*	wie ß mit nachfolgendem ch wie in Krach (am Wortende wie ß)
g	wie ch in Krach (aber: ng wie im Deutschen)		
ieuw	wie iew mit kaum hörbarem u	*tie*	am Wortende wie zie
		u	wie ü
ij	wie äi (ähnlich dem niederrheinischen ei)	*ui*	wie öi (zwischen eu und au)
		v	wie in Vase
oe	wie u	*z*	wie s in Rose

Alle übrigen Buchstaben werden etwa so wie im Deutschen ausgesprochen

★

12. Auflage 1974
© 1959, 1967 by Polyglott-Verlag Dr. Bolte KG, München
und Politikens Forlag, Kopenhagen
Printed in Germany / Druckhaus Langenscheidt, Berlin / Uw. V. Lh.
ISBN 3-493-60706-7

Hafenfront in Veere

Land und Leute

Dieser Reiseführer soll durch das Land der Windmühlen und Kanäle, der malerischen Städte und Grachten, der Blumen und der Fahrräder geleiten. Wegen seiner zahlreichen Schönheiten, der geruhsamen Art und der Gastlichkeit seiner Bewohner ist es zu einem beliebten Reiseland geworden.

Holland oder, wie der offizielle Name lautet, das Königreich der Niederlande (*Koninkrijk der Nederlanden*), verdankt seine heutige Gestalt letztlich seinen Bewohnern, die in zäher Arbeit im Lauf der Jahrhunderte Seen und Sümpfe trockenlegten und sogar dem Meer weite Landstriche abgewannen.

Lage und Größe

Die Niederlande sind mit 36 622 qkm kleiner als Nordrhein-Westfalen, die Schweiz oder Dänemark.

Von Westen nach Osten mißt das Land 200 km — etwa zwischen dem 3. und dem 7. Längengrad östlich von Greenwich — und von Süden nach Norden 300 km — zwischen dem 51. und dem 54. Breitengrad. Im Osten grenzt Holland an Deutschland, sein südlicher Nachbar ist Belgien.

Landesnatur

Einen großen Teil des Landes nimmt das Mündungsgebiet von *Maas* und *Rhein* ein; es ist völlig flach. Mehr als ein Drittel der holländischen Landoberfläche liegt unter dem Meeresspiegel. Die etwa 1800 km lange Küstenlinie besteht aus Dünen und Deichen von etwa 10 m Höhe. Diese schützen das Land, besonders aber das Gebiet westlich der Linie *Utrecht—Groningen,* in dem heute fast zwei Drittel der niederländischen Bevölkerung leben, vor der Überflutung durch die See. Die Strandflächen zwischen den Dünen und dem Meer gehören zu den größten Europas. Hinter den Dünen und Deichen liegen die Polder, dem Meer abgewonnenes Land; sie bedecken etwa 40 % der Gesamtoberfläche Hollands. Berge und Hügel gibt es nur in den südöstlichen Landesteilen, so in der Provinz *Limburg* und in der mittelholländischen Moränenlandschaft. Die höchste Erhebung von 300 m liegt bei *Vaals,* im niederländisch-deutsch-belgischen Grenzgebiet.

27 % der Bodenoberfläche sind Ackerland, 39 % dienen ausschließlich als

Weideland, 7 % sind bewaldet, 7 % sind brachliegende Heide- und Dünengebiete, 3 % werden als Gartenland bewirtschaftet und 17 % werden von Städten eingenommen.

Klima

Holland hat ein gemäßigtes Seeklima, mit kühlen Sommern und milden Wintern. Die mittlere Januartemperatur beträgt + 3° C, die mittlere Julitemperatur + 17° C. Die durchschnittliche Niederschlagsmenge schwankt zwischen 70 und 80 cm im Jahr.

Wirtschaft

Handwerk und Industrie beschäftigen etwa 42 % der Werktätigen. An wichtigen Industriezweigen gibt es Nahrungsmittel- und Genußmittelfabriken, Textilindustrie, Bergbau, Werften, Hüttenwerke, chemische Industrie einschließlich von Raffinerien, Erdöl- und Erdgasgewinnung, elektrotechnische und Automobilwerke und schließlich auch die berühmten Diamantschleifereien.

Weitere 45 % der Werktätigen sind im Handel, Transport und in verwandten Wirtschaftszweigen tätig. Seit der Kolonialzeit betreiben die Niederlande einen umfangreichen Außenhandel. Ihre Handelsflotte nimmt mit mehr als 4 Millionen BRT den siebenten Platz in der Welt ein. Der Rotterdamer Hafen, der auch für das westdeutsche Industriegebiet große Bedeutung hat, ist umschlagmäßig der größte Hafen der Welt.

Von Landwirtschaft, Gartenbau und Fischerei leben etwa 11 % der Werktätigen. Der Boden wird äußerst intensiv genutzt. Von der Ackerfläche werden 58 % mit Getreide, 22 % mit Hackfrüchten und der Rest mit Hülsenfrüchten und Handelsgewächsen bebaut. Der Tierbestand beträgt etwa 3,2 Millionen Stück Rindvieh, 2,6 Millionen Schweine, 500 000 Schafe, 220 000 Pferde und 25 Millionen Stück Federvieh. Ein Drittel der Gesamtausfuhr entfällt auf landwirtschaftliche Erzeugnisse. Darunter nehmen Gemüse und vor allem Blumenzwiebeln einen besonderen Platz ein.

Verfassung und Verwaltung

Die Verfassung des *Königreiches der Niederlande* stammt aus dem Jahr 1815; sie wurde aber mehrmals geändert, so 1848, als die Niederlande eine *konstitutionelle Monarchie* wurden,

DIE 11 PROVINZEN UND IHRE HAUPTSTÄDTE

und 1917, als das *allgemeine Wahlrecht* eingeführt wurde. 1922 erhielten auch die Frauen das Stimmrecht.

Die Königin und die von ihr ernannten Minister bilden gemeinsam *die Krone.* Die Minister sind dem Parlament, den *Generalstaaten,* verantwortlich. Die Generalstaaten bestehen aus zwei Kammern. Die *Erste Kammer* hat 75 Mitglieder, die von den *Provinzialstaaten,* den Volksvertretungen der 11 Provinzen, in die das Land eingeteilt ist (siehe Karte), auf vier Jahre gewählt werden. Die *Zweite Kammer* besteht aus 150 Mitgliedern, die jedes vierte Jahr in direkter, allgemeiner Wahl nach dem Proportionalsystem gewählt werden. Stärkste Parteien sind die *Katholische Volkspartei* und die *Sozialistische Partei der Arbeit.* Sitz der Regierung und des Parlaments ist *Den Haag.*

Die Provinzialparlamente werden von einem *Königlichen Kommissar* geleitet. Er wird vom Innenminister als oberster Beamter jeder Provinz eingesetzt.

Die Gemeinden werden von einem Bürgermeister geleitet, der von der Königin für 6 Jahre ernannt wird, und einem Gemeinderat, der von der Bevölkerung gewählt wird.

Bevölkerung

Die *Niederlande* sind mit 13 Millionen Einwohnern das am dichtesten besiedelte Land der Erde: Sie haben eine Bevölkerungsdichte von 370 Menschen je Quadratkilometer (*Bundesrepublik Deutschland:* 229).

Die niederländische Bevölkerung entstand aus einer Vermischung der germanischen mit der romanischen Rasse, der germanische Teil überwiegt jedoch bei weitem. Einige Jahrhunderte v. Chr. drangen germanische Stämme in das von *Kelten* bewohnte Land ein und ließen sich im holländischen Flußdelta nieder. Später (55 v. Chr.) besetzten die *Römer* das Land, die germanische Einwanderung hielt jedoch an. Im Norden und Westen Hollands siedelten sich *Friesen* an, im Osten *Sachsen* und im Süden *Franken*. Im Lauf der Jahrhunderte kamen noch aus politischen Gründen und wegen ihres Glaubens Vertriebene hinzu, wie Hugenotten, Salzburger Protestanten und portugiesische Juden. Durch diese verschiedenen Bevölkerungsanteile entwickelten sich bestimmte Eigentümlichkeiten in Sprache, Sitte, Brauchtum und Trachten in den verschiedenen Landesteilen.

Sprache

Die niederländische Sprache gehört zu den germanischen Sprachen. Mit den niederdeutschen Dialekten ist sie eng verwandt, dem Plattdeutschen ist sie sehr ähnlich. Auch im belgischen Teil *Flanderns* wird Niederländisch gesprochen. Die germanisch-romanische Sprachgrenze verläuft also quer durch Belgien. Das im größten Teil Hollands gesprochene *Niederländisch* zerfällt in verschiedene Dialekte. In der Provinz *Friesland* wird Westfriesisch gesprochen, eine selbständige Sprache. Das *Afrikaans*, die Sprache der *Buren*, ist eine Tochtersprache des Niederländischen.

Das Niederländische existierte schon im 11. Jahrhundert als Schriftsprache (Mittelniederländisch); im 17. Jahrhundert, nach den Unabhängigkeitskämpfen, entwickelte es sich zum Neuniederländischen oder Holländischen.

Religion

Von der Bevölkerung gehören etwa 41% reformierten und 2% anderen protestantischen Kirchen an, 40% der römisch-katholischen Kirche, und 18% sind konfessionslos. Die religiöse Trennungslinie ist sehr scharf gezogen. Selbst in kleinen Provinzstädten ist die Bevölkerung in ein protestantisches, ein katholisches und ein freigeistiges Lager geteilt, von denen jedes seine eigenen Organisationen, Schulen, Jugendvereinigungen, Orchester, Gesangvereine usw. hat.

Musik

Schon bei einem kurzen Aufenthalt werden Sie feststellen, wie gesang- und musikfreudig die Holländer sind. Es gibt eine große Zahl von Orchestern und Laienmusikgruppen, und auf einem abendlichen Spaziergang werden Sie oft Musik und Gesang hören können. Weltberühmt ist das *Concertgebouw-Orchester*, das in Amsterdam einen eigenen Konzertsaal besitzt.

Ein amüsanter Zug im holländischen Straßenbild sind die *Leierkästen*. Früher hatten sie oft die Größe von Gartenhäusern und mußten dann von Pferden gezogen werden. Sie sind meist kunstvoll verziert und geschmückt und können eine beträchtliche Lautstärke entwickeln. (Wenn Sie sie fotografieren wollen, so werden Sie dem energischen Gehilfen des Leierkastenmannes ein ansehnliches Trinkgeld geben müssen!)

Amsterdamer Leierkasten

Volkstrachten

Die berühmten holländischen Holzschuhe werden heute kaum noch getragen, obwohl sie überall als Andenken in allen Größen verkauft werden. Aber in kleinen Dörfern kann man noch oft Frauen in ihren alten Trachten begegnen, besonders am Sonntag. Am bekanntesten sind die Trachten der Einwohner des Dorfes *Volendam* und der *Insel Marken* (nördlich von Amsterdam). Allerdings werden die Trachten dort vornehmlich im Interesse des Fremdenverkehrs getragen. Echte Freude an alten Trachten kann man in *Huizen, Bunschoten* und *Spakenburg* (in der Nähe von Hilversum) und auf den Inseln in Südwestholland spüren. Wer wirkliche Volkstrachten sehen will, sollte an einem Donnerstag *Middelburg* auf der Insel Walcheren besuchen, wenn die Bauern aus der Umgebung zum Wochenmarkt zusammenkommen.

Windmühlen

Vom Mittelalter bis in unser Jahrhundert wurde das Land mit Hilfe einer großen Zahl von Windmühlen entwässert. Anfangs verwendete man die leichteren „Bockmühlen", bei denen sich die ganze Mühle auf einem „Bock" dreht, um dem Wind zu folgen. (Einige dieser Mühlen sind erhalten geblieben.) Später baute man Mühlen als runde Holz- oder Ziegeltürme, bei denen sich nur das Dach mit den Mühlenflügeln dreht. Diesem Windmühlentyp begegnet man heute in Holland am häufigsten. Er ist auch für andere Länder zum Vorbild geworden.

Es gibt noch etwa 1200 Windmühlen in Holland, fast 9000 sind jedoch im Laufe der Jahre verschwunden. Allein während des Zweiten Weltkrieges wurden 171 Windmühlen zerstört und 52 beschädigt.

Im 19. Jahrhundert kam die Verwendung von dampfbetriebenen Pumpen auf. Heute hat die Elektrizität sowohl die Windmühlen als auch die Dampfmaschinen bei der Trockenlegung abgelöst.

Holländische Windmühlen

Speisen und Getränke

Kaum ein anderes westeuropäisches Volk ißt so gut und reichlich wie die Holländer. Viele Restaurants und Gaststätten in den Niederlanden genügen auch verwöhntesten Ansprüchen. Die zahlreichen *indonesischen* und *chinesischen* Restaurants in *Amsterdam*, *Rotterdam* und *Den Haag* geben dem gastronomischen Bild dazu eine exotische Note. Eine „Reistafel" oder das einfachere indonesische „Nasi Goreng" sollten Sie unbedingt probieren.

Auf der Speisekarte (spijskaart, menu) finden Sie zahlreiche Ausdrücke, die sogleich verständlich sein werden: biefstuk, cotelet, rosbief, lever, kool, bonen, spinazie und aardappelen („Erdäpfel"), kaas (Käse), pannekoek (Pfannkuchen), worstjes (Würstchen), boter (Butter), slagroom (Schlagsahne).

Zu den Spezialitäten der guten holländischen Küche, deren Suppen, Gemüse und Salate besonders geschätzt werden, gehören u. a.:

Groentesoep = Gemüsesuppe.

Hangop = eine Buttermilchspeise.

Hutspot met klapstuk = Möhreneintopf mit Rindfleisch.

Rolpens = gebratene Wurstscheiben (mit Bratkartoffeln und Apfelmus).

Flensjes = dünne Eierkuchen.

Boerenkool met rookworst = Krauskohl mit geräucherter Wurst.

Huzarensla = Salat aus Rindfleisch, hartgekochten Eiern und roten Rüben.

Uitsmijter (Herausschmeißer) = Butterbrot mit Fleisch und Spiegelei.

Stokvis = Stockfisch.

Schotse reep = Schwarzbrot mit Käse.

Paling op toast = Aal auf Toast.

Drie in de pan = Krapfen.

Stroopwafel = Sirupwaffel.

Blinde vinken = Kalbfleischrouladen.

Bruine bonen met spek = braune Bohnen mit Speck.

Ganz vorzüglich sind die zahlreichen holländischen Käsesorten (*Goudaer*, *Edamer* usw.).

Zu den kräftigen Speisen trinkt der Niederländer gern Bier (*bier*), das es hell (*licht*) und dunkel (*donker*) gibt, und Genever (*jenever*, *borrel*, *klare*). Genever, den man unverdünnt und langsam trinken sollte, wird durch Destillation von Malzwein über Wacholderbeeren (*juniperus*) gewonnen, und es gibt ihn als alten (*oude*) und jungen (*jonge*) und in mehreren Abarten von Zitronengenever (*citroenjenever*, *schilletje*, *fladderak*). Andere bekannte Getränke sind: *advocaat* (aus Branntwein, Eiern, Zucker und Vanille), *half-om-half* (Curaçao und Botterem), *brandewijn* (dem deutschen Weinbrand verwandt, wird mit etwas Zucker getrunken), *kwast of uitgeperste citroen* (Zitronensaft) und die zahlreichen Liköre wie *Anisette*, *Apricot-brandy*, *Curaçao*, *Cherry-brandy*, *Crême de Cacao*, *Kümmel*, *Persico* und *Triple Sec*.

Der Sieg über das Wasser

Während der Mensch zunächst nur die höher gelegenen Landesteile bewohnte, wagte er etwa ab 500 v. Chr. die Niederungen zu besiedeln. Sein Haus baute er auf künstlichen Erdhügeln (Wurten). Später verband er diese Hügel durch Dämme. So entstanden die ersten Polder. Etwa um 1600 setzte man zur Trockenlegung des Landes Windmühlen ein, die das Wasser in Kanäle abpumpten. So wurden vor allem in Nordholland weite Gebiete trockengelegt.

Das Zuiderseeprojekt

Diese größte Trockenlegungsarbeit wurde 1920 begonnen. Man verband zunächst die Insel *Wieringen* mit dem Festland und gewann so im Jahr 1930 den *Wieringermeer-Polder* (200 qkm). Von ihm und von Friesland aus wurde ein 30 km langer Absperrdamm vorgetrieben. Dieser 1932 vollendete Damm, der als wichtiger Verkehrsweg die *Europastraße 10* und einen Radfahrweg trägt, machte aus der offenen Zuidersee ein Binnenmeer, das heutige *IJsselmeer*. Nun konnte man ohne Behinderung durch die Gezeiten weitere Polder anlegen. Im Zweiten Weltkrieg entstand der *Noordoostpolder* (480 qkm), 1956 wurde *Oostflevoland* (540 qkm) trockengelegt, 1968 hat man die Eindeichung von *Zuidflevoland* (430 qkm) abgeschlossen. Der Polder *Markerwaard* (600 qkm) soll bis 1980 trocken-

gelegt sein. So entsteht hier auf dem ehemaligen Meeresboden eine neue große Provinz.

Der Deltaplan

Dieser bisher genialste Plan entstand nach der Flutkatastrophe des Jahres 1953, die über 1800 Menschenleben forderte. Sein Hauptziel ist, alle Inseln im Delta von *Rhein* und *Maas* durch starke Abschlußdämme zu verbinden und so die See endgültig abzuriegeln.

Um beim Bau dieser Abschlußdämme die Inseln gefährdende Strömungsveränderungen zu vermeiden, wurden an den Stellen, an denen sich bisher die Gezeiten trafen und trennten, *Sekundärdämme* gebaut, so im *Zandkreek*, *Grevelingen* und *Volkerak*. Von den vier *Hauptabschlußdämmen* wurde die im *Veerse Gat* 1961, *Haringvliet* 1971 und *Brouwershavensch Gat* 1972 vollendet, während der in der *Oosterschelde* 1978 fertig werden soll.

Im *Haringvliet* entstand ein riesiges *Schleusenwerk*. Diese künstliche Flußmündung soll das salzhaltige Meerwasser abwehren und den Süßwasservorrat in Rhein und Maas endgültig regulieren. Über alle Dämme und zwei zusätzliche Brücken sollen Autostraßen geführt werden, um die bisher isolierten Inseln zu erschließen. Zwischen den Inseln entsteht durch den Abschluß der *Deltasee*. Er soll gleichzeitig Süßwasserreservoir und Erholungsgebiet werden. Ein Teil dieses Deltasees, das *Veerse Meer*, ist bereits ein beliebtes Ferienzentrum.

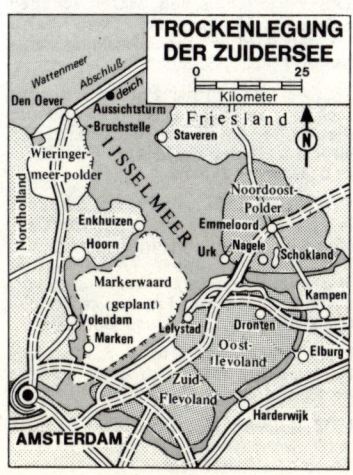

Geschichtlicher Überblick

Im östlichen Teil des Landes, der auch in vorgeschichtlicher Zeit schon über dem Meeresspiegel lag, wurden zahlreiche *Hünengräber* aus der Steinzeit gefunden. Etwa im 8. und 7. Jahrhundert v. Chr. kamen von Norden germanische und von Süden keltische Stämme in das Land. Im 1. Jahrhundert v. Chr. hielten die *Friesen* die nördlichen Küstenlandschaften und die ebenfalls germanischen *Bataver* das Rheindelta besetzt.

Von etwa 50 v. Chr. bis 200 n. Chr. beherrschen die *Römer* den Süden des Landes, während sich im Norden die *Friesen* gegen sie behaupten können. Nach den Römern kommen die *Sachsen* und die *Franken* in das Land. Im 7. und 8. Jahrhundert faßt das Christentum in den Niederlanden festen Fuß.

843 Bei der Teilung des fränkischen Reiches kommen die Niederlande an das *Mittelreich.*

925 Die Niederlande gelangen als ein Teil des Herzogtums Nieder-Lothringen an das Frankenreich. Allmählich entstehen kleine, selbständige Staatsgebilde: die Grafschaften *Holland* und *Seeland,* das Herzogtum *Geldern,* das Bistum *Utrecht* und die friesische Grafschaft *Groningen.* Das Land südlich der Flüsse, das heute größtenteils zu Belgien gehört, wird von den *Grafen von Flandern* und den *Herzögen von Brabant* und *Limburg* beherrscht.

1430 Der Herzog von Burgund, *Philipp der Gute,* wird Herzog von Brabant und Limburg, 1433 Graf von Holland und Seeland.

1477 *Maria von Burgund* heiratet den späteren Kaiser *Maximilian I.* Die Niederlande kommen an das Haus Habsburg.

1519 *Karl V.* erobert Friesland, Groningen und Geldern. Um diese Zeit entsteht durch Erbschaft das Haus *Oranien-Nassau.*

1556 *Philipp II. von Spanien* versucht, die Reformation in den Niederlanden systematisch zu bekämpfen.

1567 Der *Herzog von Alba* wird spanischer Statthalter in den Niederlanden. Er läßt die holländischen Grafen *Egmont* und *Hoorn* hinrichten und vertreibt die Prinzen von *Oranien.*

1568—1648 Der *Niederländische Freiheitskrieg* beginnt in Seeland. 1579 schließen sich die sieben nördlichen Provinzen in der *Utrechter Union* zusammen, mit *Prinz Wilhelm von Oranien* (genannt *der Schweiger*) als Statthalter. 1584 wird Prinz Wilhelm in *Delft* ermordet. Sein Sohn *Moritz,* dessen Stiefbruder *Friedrich Heinrich* und dann dessen Sohn *Wilhelm II.* führen den Kampf fort, bis die Niederlande 1648 im Westfälischen Frieden die Selbständigkeit erlangen.

1602 Gründung der *Vereinigten Ostindischen Kompanie.* Die Niederlande werden zu einer führenden See- und Kolonialmacht.

1614 Holländische Kolonisten gründen *Neu-Amsterdam,* das heutige *New York.* Dort wird *Pieter Stuyvezand* Gouverneur.

1619 *Batavia,* das heutige *Djakarta,* wird gegründet.

1652 Gründung von *Kapstadt.* Es entsteht die holländische Kapkolonie.

In diesem 17. Jahrhundert werden die Niederlande zu einem der führenden Länder Europas. Seefahrt und Handel bringen Wohlstand in das Land, dessen wichtigste Stadt *Amsterdam* ist. 1634 zählt die Handelsflotte rund 35 000 Schiffe. Um 1650 besitzen die Niederlande ein Kolonialreich, das 60mal so groß ist wie das Mutterland.

Das kulturelle Leben nimmt einen gewaltigen Aufschwung. Die neue Universität in *Leiden* zieht Wissenschaftler und Studenten aus ganz Europa an. Die niederländischen Maler schaffen großartige Meisterwerke. Das 17. Jahrhundert wird so zum „Goldenen Jahrhundert" der Niederlande.

1652—54 und in der Folgezeit werden mehrere Seekriege gegen England um die Vorherrschaft zur See geführt. Es ist die Zeit der Seehelden *Piet Heijn* und *Maarten Tromp.*

1672 *Ludwig XIV. von Frankreich* rückt in Holland ein. *Wilhelm III. von Oranien* wird Statthalter und vertreibt die französischen Truppen. Die Brüder *de Witt* werden wegen ihrer verfehlten, gegen England und Frankreich gerichteten Politik in *Den Haag* gelyncht.

1688 *Wilhelm III.* wird König von England und führt nun beide Länder im Kampf gegen Frankreich.

1702 *Wilhelm III.* stirbt. Die Niederlande werden von *Regenten* statt von einem Statthalter regiert.

1747 *Wilhelm IV.* wird nach einem erneuten Einfall der Franzosen zum erblichen Statthalter ernannt.

1780—84 Unglücklicher Seekrieg gegen England.

1795 Ein französisches Revolutionsheer rückt in die Niederlande ein. Nach einer unblutigen Revolution wird die *Batavische Republik* unter französischer Oberhoheit errichtet. *Wilhelm V.* flieht nach England.

1802 Die Kapkolonie geht an England verloren.

1806 *Napoleon I.* macht seinen Bruder *Ludwig* zum König von Holland.

1810 Holland wird ein Teil Frankreichs.

1813 Nach Napoleons Niederlage bei Leipzig wird Holland befreit. *Prinz Wilhelm*, der Sohn des im Exil in England verstorbenen *Wilhelm V.*, landet in *Scheveningen.*

1815 Die nördlichen und die südlichen Niederlande (Holland und Belgien) werden zu einem Königreich vereinigt. *Prinz Wilhelm* besteigt als König *Wilhelm I.* den Thron.

1830 Aufstand in Brüssel. Zum Teil auch aus religiösen Differenzen trennt sich Belgien von Holland.

1839 Belgien wird auch von den Niederländern als unabhängiges Königreich anerkannt. *Wilhelm I.* dankt im folgenden Jahr ab.

1848 Unter König *Wilhelm II.* erhalten die Niederlande eine parlamentarische Verfassung.

1876 *Wilhelm III.* weiht den Nordseekanal ein, der Amsterdam nach Westen hin mit dem offenen Meer verbindet.

1890 Krönung der Königin *Wilhelmina.* Luxemburg, das die weibliche Thronfolge nicht anerkennt, wird selbständiges Großherzogtum.

1899 Die erste Friedenskonferenz findet im Haag auf Vorschlag Rußlands und Einladung der Königin statt; der *Haager Friedensgerichtshof* wird gegründet.

1901 *Wilhelmina* heiratet Herzog *Heinrich von Mecklenburg-Schwerin.*

1914—18 Die Niederlande bleiben im Ersten Weltkrieg neutral.

1917 Das allgemeine Wahlrecht wird eingeführt.

1920 Beginn der Trockenlegung der *Zuiderzee.*

1932 Der Damm, der die Zuiderzee von der Nordsee trennt, wird geschlossen.

1937 Kronprinzessin *Juliana* heiratet *Bernhard von Lippe-Biesterfeld.*

1940 Am 10. Mai rücken deutsche Truppen in Holland ein, das nach fünftägigem Kampf erobert wird. Die königliche Familie flieht zunächst nach *England* und später nach *Kanada.* *Seyß-Inquart* wird Reichskommissar. Im Krieg werden von 140 000 niederländischen Juden 104 000 in Konzentrationslagern ermordet.

1942 Nach dem japanischen Angriff auf *Pearl Harbor* (1941) erklärt die niederländische Exilregierung *Japan* den Krieg. Trotz erbitterten Widerstandes werden die ostindischen Kolonien von den Japanern besetzt.

1944—45 Die Niederlande und Ostindien werden durch die alliierten Truppen befreit.

1945 Am 5. Mai geben die deutschen Truppen den Kampf in den Niederlanden auf. Der Wiederaufbau der zerstörten Städte, Deiche, Bahnen und Straßen beginnt.

Am 17. August wird die unabhängige Republik *Indonesien* ausgerufen, die den größten Teil der ostindischen Besitzungen umfaßt.

1947 Am 1. Januar tritt die Zollunion *Benelux* mit *Belgien* und *Luxemburg* in Kraft.

1948 Königin *Wilhelmina* zieht sich von der Regierung zurück. Königin *Juliana* besteigt den Thron.

1949 *Indonesien* wird als unabhängige Republik anerkannt.

1953 Am 1. Februar fordert die größte Überschwemmungskatastrophe der holländischen Geschichte über 1800 Menschenleben. 500 000 Menschen werden obdachlos.

1954 Am 3. Mai schließen sich die Niederlande dem *Nordatlantikpakt* an.

1958 Der *Deltaplan* (siehe S. 7) erhält Gesetzeskraft. Am 1. Januar treten die Verträge über die Europäische Wirtschaftsgemeinschaft (EWG) und die Europäische Atomgemeinschaft (Euratom) in Kraft. Die Niederlande sind Gründungsmitglied.

1960 Gründung der Wirtschaftsunion der Benelux-Länder.

1966 Kronprinzessin *Beatrix* heiratet den Deutschen *Klaus von Amsberg.*

1969 Bundespräsident *Gustav Heinemann* stattet den Niederlanden einen Staatsbesuch ab.

Aus der Kunstgeschichte

Architektur

Aus der Zeit der *Romanik* finden sich nur wenige Bauwerke, unter ihnen die St.-Servatius-Kirche und die Liebfrauenkirche in *Maastricht* und das Münster in *Roermond*.

Zur Zeit der *Gotik* entstanden der Dom in *Utrecht*, die St.-Bavo-Kirche in *Haarlem*, der Umbau der St.-Johannes-Kirche in *'s-Hertogenbosch*, zahlreiche Rathäuser und Landsitze.

Der *Renaissancestil* erfuhr in Holland eine gewisse Abwandlung. Aus dieser Zeit stammen viele der typisch holländischen Giebelhäuser, die Rathäuser in *Den Haag* und *Leiden*, das Schlachthaus in *Haarlem* und die Kanzlei in *Leeuwarden*.

Musterbeispiele des *klassischen* Stils sind das ehemalige Rathaus (heute Königliches Schloß) in *Amsterdam*, das Mauritshuis in *Den Haag* und die Marekerk in *Leiden*.

Im 18. Jahrhundert entstanden der Turm der A-Kirche in *Groningen* und das Außenministerium in *Den Haag*, im 19. Jahrhundert die Bauten des Architekten *Cuypers* (Reichsmuseum und Hauptbahnhof in *Amsterdam*).

Zu Beginn des 20. Jahrhunderts erbaute *Hendrik P. Berlage* die *Amsterdamer Börse*. Er, der Architekt *Wilhelm M. Dudok* (Rathaus in Hilversum), die Künstlergruppe um die Zeitschrift „De Stijl" und viele andere wurden mitbestimmend für die moderne europäische Architektur.

Plastik

Nur wenige mittelalterliche Skulpturen sind erhalten, u. a. am Rathaus in *Kampen*. In der Renaissancezeit schuf ein unbekannter italienischer Bildhauer das prachtvolle Doppelgrabmal des *Grafen Engelbrecht II. von Nassau* und seiner Gemahlin in *Breda*; zur Zeit des Barock entstand das Grabmal *Wilhelms des Schweigers* in der Neuen Kirche in *Delft* (von *Hendrik de Keyser*).

Von den Bildhauern der „Goldenen Zeit" des 17. Jahrhunderts sind *Artus Quellinus, Rombout Verhulst* und *Bartholomäus Eggers* erwähnenswert. An modernen Bildhauern seien genannt: *Mari S. Andriessen, Hildo Krop, J. Mendes da Costa, Pier Pander* und *Lambertus Zijl*.

Malerei

Die niederländische Malerei hat im Lauf der Geschichte zweimal eine bedeutende Rolle gespielt, einmal im 15. und einmal im 17. Jahrhundert. Am frühesten entwickelte sie sich in den durch ihren Seehandel reichen flandrischen Städten wie *Brügge* und *Gent*, wo die stolzen Handelsherren große Aufträge vergaben, so an *Hubert* und *Jan van Eyck, Rogier van der Weyden, Hans Memling, Gerard David, Hugo van der Goes* und *Dierick Bouts*. Bald traten auch in den nördlichen Provinzen bedeutende Künstler hervor und befreiten sich von dem südlichen Einfluß. Zu ihnen gehören *Hieronymus Bosch, Lucas van Leyden, Jan van Scorel* und *Antonis Mor*.

Gegen Ende des 16. Jahrhunderts beginnt mit dem Aufschwung des nun unabhängigen Landes auch die zweite Blütezeit der holländischen Malerei. Sie erreicht ihren Höhepunkt in den Werken von *Rembrandt Harmensz van Rijn, Frans Hals* und *Jan Vermeer van Delft*. Diese großen Meister beeinflußten mit ihrer Arbeit die Entwicklung der abendländischen Malerei der folgenden Jahrhunderte.

Weitere große Maler dieser Blütezeit waren u. a. *Hendrik van Avercamp, Jan van Goyen*, die Brüder *van Ostade, Gerard Terborch, Philips Wouwerman*, der Tiermaler *Paulus Potter*, der lebensfreudige Genremaler *Jan Steen, Pieter de Hoogh*, der Landschaftsmaler *Jacob van Ruysdael, Willem van der Velde, Meindert Hobbema* sowie Rembrandts Schüler und Nachfolger *Gerard Dou, Carel Fabritius* und *Philips Koninck*. Ihre Werke finden wir in allen Museen der Welt, in Holland vor allem im *Rijksmuseum* in *Amsterdam* und im Museum *Mauritshuis* in *Den Haag*.

Erst annähernd zwei Jahrhunderte später brachte Holland wieder Maler hervor, die Weltruhm errangen: zunächst *Josef Israëls* und dann *Vincent van Gogh*, der alle seine Landsleute an Bedeutung für die moderne Malerei überragt.

Von den Malern der Jahrhundertwende und des 20. Jahrhunderts seien genannt: *Hendrik Willem Mesdag*, die Symbolisten *Jan Toorop* und *Jan Thorn-Prikker, Kees van Dongen* und — die wohl bedeutendsten — *Jan Sluyters* und *Piet Mondrian*.

Holländische Museen

Öffnungszeiten: W = an Wochentagen; S = an Sonn- und Feiertagen; in Klammern die Öffnungszeiten im Winter.

Von den etwa 440 Museen des Landes erwähnen wir nur die wichtigsten.

AMSTERDAM

Reichsmuseum (*Rijksmuseum*), *Stadhouderskade 42.* Niederländische Malerei vom 15. bis 20. Jahrhundert. Skulpturen, Kunstgewerbe, ausländische Maler, asiatische Kunst u. a. — W: 10—17; S: 13—16. — Eintrittsgeb.

Rembrandthaus, *Jodenbreestraat 4—6.* Zeichnungen und Radierungen Rembrandts, der in diesem Haus von 1639 bis 1658 wohnte. — W: 10—17 (16); S: 13—17. — Eintrittsgeb.

Städtisches Museum (*Stedelijk Museum*), *Paulus Potterstraat 13.* Gemälde und Skulpturen seit etwa 1800. Als ständige Leihgabe eine große Sammlung von Gemälden Vincent van Goghs. — W: 9.30—17; S: 13—17. — Eintrittsgeb.

ARNHEM

Freiluftmuseum (*Openluchtmuseum*) für Volkskunde, *Schelmseweg 89.* — W: 9—18; S: ab 11. — Eintrittsgeb. (nur vom 1. April bis 31. Oktober geöffnet).

DELFT

Städtisches Museum „Prinsenhof", *Agathaplein 1.* Gegenstände aus der Zeit und aus dem Leben Wilhelms des Schweigers. — W: 10—17; S: 13—17. — Eintrittsgeb.

DORDRECHT

Dordrechts Museum, *Museumstraat 42.* Gemälde des 17. bis 19. Jahrhunderts. — W: (außer montags) 10—17 (16); S: ab 13. — Eintrittsgeb.

ENKHUIZEN

Reichs-Zuiderzeemuseum, *Wierdijk 13.* — W: 10—17 (15. März bis 31. Oktober); S: 12—17. — Eintrittsgeb.

GOUDA

Städt. Museum „Catharina-Gasthuis", *Oosthaven 10.* Alte Kunst. — W: 10 bis 17; S: 14—17. — Eintrittsgeb.

Städt. Museum „De Moriaan", *Westhaven 29.* Tabakspfeifen, Töpfergut und Fliesen. — W: 10—12.30 und 13.30—17; S: 14—17. — Eintrittsgeb.

DEN HAAG

Het Mauritshuis, *Plein 29.* Gemälde aus der Zeit von 1450 bis 1800. — W: 10—17, freitags auch 20—22; S: 11 bis 17 (13—17). — Eintrittsgeb.

Gemeindemuseum (*Gemeentemuseum*), *Stadhouderslaan 41.* Altertümer, Keramik, Musikinstrumente, Stilzimmer. — W: 10—17, mittwochs auch 20 bis 22; S: 13—17. — Eintrittsgeb.

Reichsmuseum Mesdag, *Laan van Meerdervoort 7f.* Gemälde, Zeichnungen und Radierungen. — W: 10—17; S: ab 13. — Eintrittsgeb.

HAARLEM

Frans-Hals-Museum, *Groot Heiligland 62.* — W: 10—17, von Mitte April bis Mitte Mai und an den Samstagen von Mitte Juli bis Mitte September auch 20.30—22.30; S: ab 13.

LEEUWARDEN

Friesisches Museum, *Koningsstraat 1.* Friesische Altertümer, Porzellan, Trachten. — W: 9—12.30 und 14—17 (16); S: 14—17 (nur im Sommer).

LEIDEN

Städtisches Museum „De Lakenhal", *Oude Singel 32.* Altertümer, Gemälde Leidener Künstler, Stilzimmer. — W: 10—17 (16); S: ab 13.

OTTERLO (nördlich Arnhem)

Kröller-Müller-Museum, im *Nationalpark „De Hoge Veluwe".* Moderne Kunst, umfangreiche Van-Gogh-Sammlung; Skulpturenpark.

ROTTERDAM

Museum Boymans-van Beuningen, *Mathenesserlaan 18—20.* Gemälde, Skulpturen, Zeichnungen, Stiche, Kunstgewerbe. — W: 10—17, mittwochs auch 19.30—22; S: 11—17.

UTRECHT

Zentralmuseum (*Centraalmuseum*), *Agnietenstraat 1.* Römische Funde, religiöse Kunst, Gemälde. — W: 10—17; S: ab 14.

11

Fahrpreise

Mit der Eisenbahn in die Niederlande

Von		Nach	Amsterdam DM	Den Haag DM	Rotterdam DM
Berlin	I. Kl.	E	114,10	118,20	116,80
(über Bentheim)		R	217,—	225,20	222,40
	II. Kl.	E	73,60	76,40	75,20
		R	140,—	145,60	143,20
Essen	I. Kl.	E	35,—	37,90	37,—
(über Emmerich)		R	70,—	75,80	74,—
	II. Kl.	E	23,70	25,60	24,90
		R	47,40	51,20	49,80
Frankfurt	I. Kl.	E	88,—	90,90	90,—
(über Emmerich)		R	176,—	181,80	180,—
	II. Kl.	E	56,70	58,60	57,90
		R	113,40	117,20	115,80
Hamburg	I. Kl.	E	84,10	86,80	88,20
(über Bentheim)		R	168,20	173,60	176,40
	II. Kl.	E	54,40	56,—	57,20
		R	108,80	112,—	114,40
Köln	I. Kl.	E	47,—	49,90	49,—
(über Emmerich)		R	94,—	99,80	98,—
	II. Kl.	E	30,70	32,60	31,90
		R	61,40	65,20	63,80
München	I. Kl.	E	163,—	165,90	165,—
(über Emmerich)		R	326,—	331,80	330,—
	II. Kl.	E	103,70	105,60	104,90
		R	207,40	211,20	209,80
			ö.S.	ö.S.	ö.S.
Wien	I. Kl.	E	1574,—	1596,—	1589,—
(über Passau—Frank-		R	3148,—	3192,—	3178,—
furt/Main—Köln—	II. Kl.	E	1011,—	1025,—	102,—
Utrecht)		R	2022,—	2050,—	2042,—
			sfr.	sfr.	sfr.
Zürich	I. Kl.	E	187,80	191,20	182,20
		R	345,20	352,—	332,60
	II. Kl.	E	119,80	122,20	116,40
		R	221,20	226,—	214,60

E = Einfache Fahrt / R = Hin- und Rückfahrt

Mit dem Flugzeug nach Amsterdam (Schiphol)

Von	I. Kl. E DM	R DM	Tour.-Kl. E DM	R DM
Berlin	253,—	506,—	169,—	338,—
Düsseldorf und *Köln/Bonn*	92,—	184,—	67,—	134,—
Frankfurt/M.	169,—	338,—	120,—	240,—
Hamburg/Hannover	164,—	328,—	120,—	240,—
München	271,—	542,—	186,—	372,—
	ö.S.	ö.S.	ö.S.	ö.S.
Wien	2952,—	5904,—	2122,—	4244,—
	sfr.	sfr.	sfr.	sfr.
Zürich	278,—	556,—	206,—	412,—

E = Einfacher Flug / R = Hin- und Rückflug

Mit dem Schlafwagen in die Niederlande

Schlafwagenpreise unterliegen allen Kursschwankungen. Nach Amsterdam laufen keine Schlafwagen. Hier nur einige Beispiele als Anhaltspunkte:

Hamburg–Rotterdam (oder *Utrecht*):

I. Klasse (Einbettkabine)   114,– DM
II. Klasse (Dreibettkabine)   38,– DM

Infolge der späten Abfahrtszeit des einzigen Nachtzuges (gegen 3 Uhr morgens) lohnt es sich jedoch kaum, für die Strecke Hamburg–Rotterdam Schlafwagen zu nehmen.

Salzburg–München–Rotterdam:

I. Klasse (Einbettkabine)   114,– DM
I. Klasse (Zweibettkabine)   57,– DM
II. Klasse (Touristenklasse)   38,– DM

Grenzübergänge

Mit der Eisenbahn sind die Niederlande von Deutschland aus über folgende Grenzübergänge zu erreichen: *Weener/Neuschanz, Bentheim/Oldenzaal, Gronau/Enschede, Emmerich/Elten, Kranenburg/Nijmegen, Kaldenkirchen/Venlo, Aachen-West/Simpelveld (–Maastricht).*

Einfahrt zum Maastunnel in Rotterdam

**DAS REISEN
IN DEN NIEDERLANDEN**

Auf den Niederländischen Eisenbahnen (*N.V. Nederlandse Spoorwegen*) kosten in hfl.:

	E		R	
	I.Kl.	II.Kl.	I.Kl.	II.Kl.
10 km	1,60	1,20	2,40	1,70
100 km	12,80	9,20	18,20	13,—
200 km	21,40	15,—	33,—	22,—

Einfache und Rückfahrkarten gelten nur *einen* Tag. Internationale Fahrscheine sind *zwei Monate* gültig. Für D-Züge wird ein einheitlicher Zuschlag von 2,– hfl. (bei Lösung im Zuge 3,– hfl.) erhoben, für *Platzkarten* werden 2,50 hfl. berechnet.

Netz- und Streckenkarten

Die *Niederländischen Eisenbahnen* gewähren dem Urlauber oder Geschäftsreisenden einige willkommene Ermäßigungen.

Netzkarten für das gesamte Land mit einer Gültigkeitsdauer von acht Tagen kosten in der I. Klasse 66,– hfl. und in der II. Klasse 44,– hfl.

Ein *Tagesabonnement* berechtigt zu unbeschränkten Fahrten während eines Tages. Es kostet in der I. Klasse 33,– hfl. und in der II. Klasse 22,– hfl.

Netzkarten gelten auch für die Bahnbuslinie zwischen *Amsterdam* und *Den Haag.* Der Schiffsdienst zwischen *Enkhuizen* und *Staveren* gewährt bei Vorzeigen der Netzkarte Ermäßigung.

Fahrplan

Man kommt in den Niederlanden fast ohne Fahrplan aus, weil die Züge während des Tages in regelmäßigen Abständen verkehren. Je nach Wichtigkeit der Strecke fahren ein oder zwei Züge in der Stunde. Zwischen *Amsterdam, Haarlem, Leiden, Den Haag, Delft, Rotterdam* und *Dordrecht* fahren vier Züge in der Stunde.

Gesellschaftsreisen

Die *Niederländischen Eisenbahnen* gewähren *keine* Ermäßigung bei Gesellschaftsreisen.

Im deutsch-niederländischen Verkehr wird Gruppen von mindestens 10 Teilnehmern Fahrpreisermäßigung für die *deutsche* Strecke gewährt. Die Gruppen müssen von einem verantwortlichen Reiseleiter begleitet werden. Die Ermäßigung beträgt für *gewöhnliche Gruppen* mit 10 bis 24 Teilnehmern 25 %, bei 25 und mehr Teilnehmern 45 %. Für 15 bis 50 zahlende Erwachsene wird ein Erwachsener und für jede weitere angefangene Zahl von 50 Erwachsenen ein weiterer Erwachsener unentgeltlich befördert.

Für *Schüler-, Studenten-* und *Jugendgruppen* beträgt die Ermäßigung auf den deutschen Strecken bei mindestens 10 Teilnehmern 45 bis 50 %. Auf jede angefangene Zahl von 10 Schülern, Studenten oder Jugendlichen genießt jeweils eine Aufsichtsperson (Lehrer, Jugendgruppenleiter) dieselbe Ermäßigung.

13

Praktische Hinweise

Autofahrer

Für ausländische private Kraftfahrzeuge werden von den Niederlanden weder Internationaler Führerschein noch Internationale Zulassung verlangt. Erforderlich sind dagegen Nationalitätszeichen (D, A, CH), nationale Zulassung, Internationale (grüne) Versicherungskarte, Warndreieck.

In den Niederlanden kostet zur Zeit *Normalbenzin* je Liter 0,77 hfl., *Superbenzin* 0,80 hfl., *Motorenöl* 3,50 bis 4,60 hfl. und *Dieselöl* 0,42 hfl.

Bedienungs- und Trinkgelder

betragen im allgemeinen 15 %. Auf Speisekarten sind die Preise immer einschließlich Bedienungsgeld und Mehrwertsteuer angegeben.

Campingplätze

sind zahlreich, gut eingerichtet und schön gelegen. Manche sind nur für Wohnwagen oder nur für Zelte zugelassen. In diesem Führer sind die an den beschriebenen Reiserouten gelegenen Plätze mit dem Zeichen © vermerkt.

Ein vollständiges Verzeichnis aller Plätze ist bei der *Niederländischen Fremdenverkehrszentrale, 5 Köln, Schildergasse 84*, erhältlich.

Devisenvorschriften

Niederländische und ausländische Zahlungsmittel dürfen Sie in unbeschränkter Höhe bewilligungsfrei ein- und ausführen. Silbermünzen dürfen allerdings nur im Wert von 25 hfl. ausgeführt werden.

Einkäufe

Am beliebtesten sind Silber-, Kupfer- und Messingwaren, Töpferwaren, Delfter Porzellan, lange Tonpfeifen (besonders in *Gouda*), Holzschuhe, Miniatur-Windmühlen, Trachtenpuppen und verschiedene Spezialitäten an Back- u. Süßwaren (*Haagse Hopjes*).

Fahrräder

können ohne Formalitäten in die Niederlande mitgenommen werden. Das Land verfügt über ein dichtes Netz ungewöhnlich guter Radfahrwege. Fahrräder kann man auch stunden-, tage- oder wochenweise mieten. Der untere Teil des hinteren Schutzbleches muß weiß lackiert sein.

Geld

Die Münzeinheit ist der *Gulden* (*hfl.*, *fl.* oder *f.*) = 100 *Cents* (cts.). 1 hfl. entspricht zur Zeit etwa 0,97 DM. Im Umlauf sind Banknoten zu 1000, 100, 25, 10, 5 und 2,50 hfl. und Münzen zu 2,50 und 1 sowie zu 0,25, 0,10, 0,05 und 0,01 hfl. In der Umgangssprache heißen die Münzen zu 2,50 hfl. *rijksdaalder*, die zu 25 cts. *kwartje*, die zu 10 cts. *dubbeltje* und die zu 5 cts. *stuiver*.

Hunde

dürfen nur mit einem Gesundheitszeugnis und einem formgerechten Tollwut-Impfzeugnis eingeführt werden. Eisenbahn-Spezialtarife.

Informationen

über alle mit einer Reise in die Niederlande zusammenhängenden Fragen erteilen: *Niederländische Fremdenverkehrszentrale, 5 Köln, Schildergasse 84*; *Niederländische Eisenbahnen, Generalvertretung, 5 Köln, Schildergasse 84*.

Auskünfte erhält man außerdem in den Niederlanden bei den *Fremdenverkehrsvereinen* (*V.V.V.*), die es in jedem größeren Ort gibt.

Jugendherbergen

Es gibt allgemeine, katholische (nur für Katholiken) und vom Naturfreundeverein getragene Jugendherbergen. In diesem Führer sind nur die jeweils an der Fahrtroute liegenden allgemeinen Herbergen mit dem Zeichen △ vermerkt. Der Übernachtungspreis beträgt 6,50 h. einschl. Frühstück und Tee am Abend. Autofahrer erhalten nur nach vorheriger Vereinbarung Unterkunft.

Jugendherbergsverzeichnisse sind erhältlich beim *Niederländischen Jugendherbergswerk* (*N.J.H.C.*), *Amsterdam-C, Prof. Tulpstraat 2—6*, und bei der *Niederländischen Fremdenverkehrszentrale, 5 Köln, Schildergasse 84*.

Konsulate

Deutsche Konsulate:
Den Haag (Botschaft), Nieuwe Parklaan 17.
Amsterdam-Z, de Lairessestraat 172.
Eindhoven, Dr. Schaepmanlaan 12.
Enschede, Haaksbergerstraat 48.
Groningen, Oude Boteringestraat 17.
Leeuwarden, Edisonstraat 20.
Maastricht, Wilhelminasingel 56.

Middelburg, Markt 5.
Rotterdam, Parklaan 36.

Niederländische Konsulate:
51 Aachen, Friedr.-Wilhelm-Platz 5/6.
53 Bonn (Botschaft), Sträßchensweg 2.
1 Berlin 15, Meierottostraße 7/IV.
28 Bremen, Altenwall 2—5.
46 Dortmund, Feldstraße 28—34.
4 Düsseldorf, Berliner Allee 22.
41 Duisburg-Ruhrort, Jordingstr. 5.
297 Emden, Ringstraße 43.
6 Frankfurt/M., Beethovenstr. 5
2 Hamburg, Pelzerstraße 2.
3 Hannover-Kirchrode, Bünteweg 2.
419 Kleve, Bahnhofstraße 30.
5 Köln, Herwarthstraße 8.
68 Mannheim, Tullastraße 18.
8 München 2, Karlsplatz 4.
44 Münster i. W., Von-Vinke-
Straße 11—13.
45 Osnabrück, Neuer Graben 38.
237 Rendsburg, Hollesenstraße 2.
7 Stuttgart, Hölderlinstraße 7.

Niederländische Konsulate in Österreich:
Graz, Innsbruck, Salzburg, Wien.

Niederländische Konsulate in der Schweiz:
Basel, Bern, Davos-Platz, Genf, Lugano, Zürich.

Ladenschluß

Die meisten Läden sind von 9 bis 18 Uhr geöffnet, Zigarrenläden auch bis 19 Uhr. In allen anderen Badeorten schließen die Geschäfte während der Saison oft erst am späten Abend. Einmal in der Woche sind die Geschäfte halbtägig geschlossen. Banken und Behörden sind Montag bis Donnerstag von 9 bis 15, Freitag von 9 bis 19 Uhr, Postämter von 8.30 bis 17 Uhr geöffnet. Sonnabends geschlossen.

Postgebühren

Grußpostkarten (fünf Worte und Unterschrift) ins Ausland kosten 25 cts., andere Postkarten in EWG-Länder 30 cts., in alle anderen Länder 35 cts. Briefe (bis zu 20 g) in EWG-Länder müssen mit 40 cts., in alle anderen Länder mit 50 cts. frankiert werden. Briefe innerhalb Europas werden ohne Zuschlag mit Luftpost befördert.

Reisezeit

Im April und Mai blühen die riesigen Zwiebelblumenfelder. Ein Aufenthalt an der See ist oft im September noch möglich. Ferienunterkünfte sollte man sich wegen des großen Andranges in der Hauptsaison spätestens schon im Februar oder März sichern.

Strom

Die in den Niederlanden meist verbreitete Spannung beträgt 220 Volt. In einigen Orten (z. B. Stadtteilen von Den Haag) wird jedoch auch eine Spannung von 127 Volt verwandt.

Unterkunft und Verpflegung

Die holländischen Hotels sind durchweg ausgezeichnet, sauber und verhältnismäßig preiswert. Wir können in diesem Reiseführer bei jedem Ort nur einige Hotels nennen, deren Auswahl jedoch keinerlei Werturteil bedeuten soll. In Holland ist das meist im Zimmerpreis inbegriffene Frühstück ungleich reichhaltiger als in Deutschland. In *sehr guten Hotels* (🏨) zahlt man für ein Einzelzimmer mit Frühstück pro Nacht mindestens 40—50 hfl., in *guten Hotels* (🏨) mindestens 24 hfl. und in *einfachen Hotels oder Gasthöfen* (🏠) ab 15 hfl. Die Hoteleinteilung in Holland umfaßt sechs Klassen, vom Luxushotel (5 Sterne) über das einfache Hotel (1 Stern) bis zur niedrigsten Hotelstufe (L.C.).

Ein *Mittagessen* kostet etwa 7—27,50 hfl., *Touristenmenus* einheitlich 8,50 hfl., ein *Abendessen* etwa 8—27,50 hfl. Dieses ist die Hauptmahlzeit und wird gewöhnlich von 17 bis 22 Uhr serviert. In den Küstenorten kann man für den Urlaub möblierte Zimmer mit oder ohne Kochgelegenheit, Wohnungen, Häuser, Bungalows und Sommerhäuschen mieten. Bungalows sind massiv gebaut und teurer als die leichten Sommerhäuschen, die in der Saison etwa 150 bis 200 hfl. pro Woche kosten.

Visum und Paß

Staatsangehörige der Bundesrepublik Deutschland, Österreichs und der Schweiz benötigen für einen Aufenthalt bis zu drei Monaten nur einen gültigen Personalausweis.

Zoll

Bei der Einreise in die Niederlande sind für den persönlichen Gebrauch bestimmte Gegenstände zollfrei. Dazu gehören u. a. 2 Fotoapparate (mit 10 Rollfilmen je Apparat), 2 Schmalfilmkameras (mit insgesamt 10 Filmen von je 15 m Länge), 1 Plattenspieler (mit 20 Platten), Campingausrüstung und Sportartikel.

In den Niederlanden gekaufte Gegenstände können bis zum Gesamtwert von umgerechnet 300 DM zollfrei ausgeführt werden. Auch für Blumenzwiebeln gelten Einschränkungen.

Ferien in Holland

Holland ist durch seine Mittlerstellung zwischen Festland und Meer eines der eigenartigsten Länder Europas. Als Reiseziel empfiehlt es sich aus vielerlei Gründen: wegen seiner günstigen geographischen Lage, seiner reizvollen, dem Kontinentaleuropäer fast fremdartigen Landschaft, seiner Städte, seiner Kunstschätze und nicht zuletzt seiner idealen Feriengebiete an der Küste. Verkehrstechnisch und touristisch ist das Land sehr gut erschlossen.

Auf den Seiten 34—63 schlagen wir 14 Reiserouten vor, die viele lohnende Ziele berühren und zumeist an der See enden. Sie eignen sich für Reisen mit dem Auto, den öffentlichen Verkehrsmitteln und dem Fahrrad. Sie bieten Ihnen zudem die Möglichkeit, sich selbst Routen und Rundfahrten zusammenzustellen. Die schönsten Städte werden gesondert beschrieben.

Radfahrer und Wanderer

Holland hat ein vorbildliches Netz von Radfahrwegen, auf denen durchweg auch Mopeds fahren dürfen. Einige der schönsten Strecken sind:

1. Zur Baumblüte von Nijmegen über den nördlichen Waaldeich nach Tiel.

2. Zur Tulpenblüte: Leiden—Rijnsburg—Noordwijkerhout—Keukenhof—Hillegom.

3. Im Sommer durch die Blumenfelder zwischen Hoorn und Enkhuizen.

4. Zur Heideblüte: Apeldoorn—Otterlo (Museum Kröller-Müller)—Arnhem.

5. Von Den Haag auf dem östlichen Kanalufer über Leidschendam (Automobilmuseum) nach Leiden.

6. Den Haag—Loosduinen—Naaldwijk im Westland—Hoek van Holland.

7. Von Gouda über den nördlichen Ijsseldeich nach Oudewater; dann nach Haastrecht und an der Vlist entlang nach Schoonhoven.

8. Von Haarlem entlang der Ringvaart nach Aalsmeer.

9. Von Middelburg über Vlissingen—Zoutelande—Westkapelle—Domburg—Vrouwenpolder (Abschlußdamm) nach Veere.

10. Rundfahrt um das Ijsselmeer mit Abstecher nach Giethoorn.

Für Wanderer finden Ende Juli Viertagemärsche von *Nijmegen* und *Apeldoorn* statt. Eine Wanderung über 140 km führt von *Den Helder* 6 Tage an der Küste entlang. Auskunft erteilen der Fremdenverkehrsverein in *Den Helder* und der *Königlich Niederländische Verband für Leibesertüchtigung*, Den Haag, Valkenbosplein 18.

Ferienzentren

(Auf nebenstehender Karte durch Kreise gekennzeichnet)

1. *Sneek*, mit Wassersport am Sneeker Meer. Im Sommer Regatten.

2. *Texel*, ruhige Bäderinsel mit Vogelbrutstätten.

3. *Hoorn*, alte Zuiderzeestadt. In der Nähe Enkhuizen, Edam, Volendam, Monnikendam und die Insel Marken.

4. *Apeldoorn*, schöne Villenstadt am Nationalpark „De Hoge Veluwe".

5. *Hilversum*, moderne Stadt im Gooiland. In der Nähe die *Loosdrechtse Plassen* (Wassersportgebiet).

6. *Noordwijk aan Zee*, eleganter Badeort. In der Nähe *Katwijk aan Zee*, *Warmond* (Wassersport) und *Leiden*.

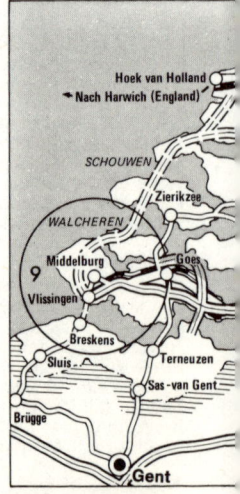

7. *Scheveningen*, größter und abwechslungsreichster Badeort des Landes, unmittelbar bei *Den Haag*.

8. *Dordrecht*, malerische Stadt im Delta der großen Ströme. In der Nähe der unberührte Biesbosch.

9. *Walcheren*, mit vielen ruhigen Badeorten und den schönen Städten *Middelburg* und *Veere*. Wassersport auf dem Veerse Meer.

10. *Oisterwijk*, beliebte Sommerfrische in dünenartiger Umgebung.

11. *Valkenburg*, Zentrum der Holländischen Schweiz. Bergige Landschaft.

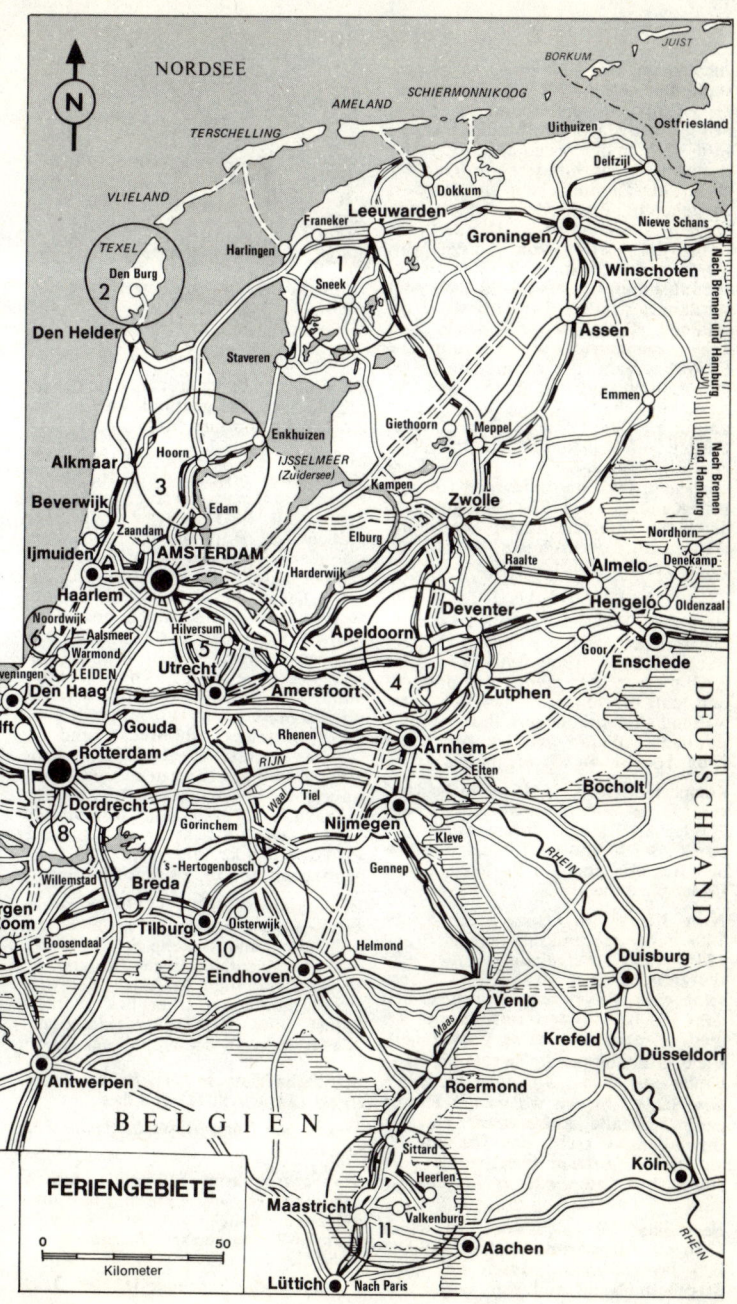

FERIENGEBIETE

0   50
Kilometer

Amsterdam

Amsterdam, Hollands prächtige Hauptstadt hat etwa 771 000 Einwohner. Sie ist auf Pfählen erbaut, die durch den morastigen Boden hindurch bis zu 18 m Tiefe in den festen Sand gerammt sind. Im 13. Jahrhundert wurde an der *Amstel* ein Damm gebaut und das dort entstehende Fischerdorf erhielt den Namen *Amstelredamme*. Der Ort, der Besitz der Herren von Amstel war, wurde um 1300 Stadt. Zu Beginn des 17. Jahrhunderts entwickelte sich Amsterdam, vor allem durch die 1602 gegründete *Ostindische Kompanie,* zum beherrschenden Handelszentrum. Die Einwohnerzahl stieg rapide von 15 000 auf 150 000 an und man löste die städtebauliche Aufgabe, indem man um die alte Stadt drei halbkreisförmige Gürtel von Kanälen legte, die *Herengracht,* die *Keizersgracht* und die *Prinsengracht.* Das Stadtbild wird von den 100 Kanälen, den 930 Brücken und den über hundert Inseln bestimmt. Daher sollte auch unser Besuch mit einer Grachtenfahrt beginnen.

RUNDGANG

Vom *Hauptbahnhof* [1] gehen wir über den *Damrak* zur *Börse (Beurs)* [2]. Der Backsteinbau wurde 1903 von dem Architekten *H. P. Berlage* fertiggestellt und man bezeichnet ihn als richtungsweisend für die neuere holländische Baukunst. Weiter geht es zum Platz *Dam.* Hier sehen wir rechts das

Königliche Schloß [3], das 1648 bis 1655 von *Jacob van Campen* auf 13 659 Pfählen als Rathaus erbaut wurde (geöffnet vom 1. Juli–15. August, montags bis freitags von 13.30–16.30 Uhr). Daneben ist die

Neue Kirche [4] (*Nieuwe Kerk*), die 1408 begonnen und nach einem Brand 1645 wieder aufgebaut wurde. Der spätgotische Bau ist bekannt durch seine wertvolle Innenausstattung. Seit dem 18. Jahrhundert werden hier die niederländischen Könige proklamiert. Viele Grabdokumente berühmter Holländer aus dem „Goldenen (17.) Jh“. Am Schloß biegen wir in die Hauptgeschäftsstraße *Kalverstraat* ein. An ihr finden wir rechts das Tor zum *Historischen Museum* (wechselnde Ausstellungen) und wieder rechts das Tor zum

Beginenhof [5] (*Begijnhof*). Er wurde 1346 als Altersheim errichtet. Alljährlich Prozessionszug durch den alten Stadtkern. Nicht weit vom *Beginenhof,*

Königliches Schloß und Neue Kirche

am *Spui 21,* befindet sich das Hauptgebäude der 1632 gegründeten *Universität.* Die *Kalverstraat* endet am

Münzturm [6] (*Munttoren*), der 1490 als Stadttor errichtet und 1620 nach Plänen von *Hendrick de Keyser* umgebaut wurde. Als die Franzosen 1672 einen großen Teil Hollands besetzt hatten, war die Münze von Utrecht vorübergehend hierher verlegt worden. In der Nähe liegen der *Rembrandtsplein* mit einem *Rembrandtdenkmal* und zahlreichen Vergnügungsstätten und drei Museen: *Museum Fodor* [7], *Keizersgracht 609* (Gemälde aus dem 19. Jahrhundert), *Museum Willet-Holzhuizen* [8], *Herengracht 605* (Porzellan, Möbel, kunsthistorische Bibliothek), und die *Sixsche Gemäldegalerie* [9] (Collectie Six), *Amstel 218* (Zutritt nur nach Anfrage), eine hervorragende Privatsammlung, u. a. Werke von Rembrandt. Vom *Muntplein* gehen wir durch die *Vijzelstraat* oder fahren mit den Straßenbahnen Nr. 16, 24 und 25 zum

Reichsmuseum [10] (*Rijksmuseum*), *Stadhouderskade 42,* dem größten Museum des Landes (siehe S. 11). Neben dem ganz einzigartigen Bestand an Werken der alten Malerei bietet sich ein erschöpfender Überblick über die Kunst- und Kulturentwicklung der Niederlande. In der Nähe liegt das

Städtische Museum [11], *Paulus Potterstraat 13* (siehe S. 11) und das

Vincent-van Gogh-Museum, *Paulus Potterstraat 7.*

Wir kehren zum *Muntplein* zurück, gehen an der *Amstel* entlang und über die zweite Brücke zum *Waterlooplein* (bunter Trödelmarkt). Rechts davon steht die

Portugiesische Synagoge [12] am *J. D.*

Meijerplein. Sie enthält wertvolle Kunst-gegenstände. In der Nähe liegt das

Rembrandthaus [13], *Jodenbreestraat 4 bis 6*, in dem *Rembrandt* von 1639 bis 1660 lebte (s. S. 11). Über eine Brücke kommt man zur

Zuiderkerk [14], die 1603 bis 1611 nach Plänen von *Hendrick de Keyser* erbaut wurde. Sie ist das erste Amsterdamer Gotteshaus, das nach der Reformation erbaut wurde. Da man eine Prediger-kirche errichten wollte, verzichtete man auf den Chor mit dem Altar, dem Mittelpunkt der früheren Gotteshäu-ser, und stellte dafür die Kanzel in das Zentrum. Am *Kloveniersburgwal*, einer malerischen *Gracht*, steht das *Trippen-haus* (Nr. 29; 17. Jahrh.). In diesem schönen Patrizierhaus befindet sich heute die *Königliche Akademie der Wissenschaften*. Auf der anderen Seite der Gracht liegt ein

Universitätsgebäude [15]. Das 1754 er-baute Gebäude war ehemals ein Alters-heim (*Oudemannenhuis*). Im Eingangs-tor, der *Oudemanhuispoort*, ist ein Bü-chermarkt. Vor uns sehen wir das hüb-sche *Dreigrachtenhaus* (1610). Wir überqueren den *Oudezijds Achterburg-wal* und kommen zum *Rathaus* [16] (auch *Prinsenhof*) am *Oudezijds Voor-burgwal*. Es war einst Sitz der Statthal-ter. Wir gehen dann wieder zum *Klo-veniersburgwal* zurück und biegen dort zum *Nieuwmarkt* ab. Hier steht die

De Waag [17], eine altes Stadttor, das im Jahre 1488 erbaut wurde. Hier sind eine Abteilung des Amster-damer historischen Museums (perma-nente Ausstellung) und ein Museum für jüdische Geschichte untergebracht. Wir folgen ein kurzes Stück dem *Zee-dijk* (Seemannsmilieu) und biegen dann links zur

Oude Kerk [18] ab, der ältesten Kirche der Stadt (geweiht 1306). Der jetzige Bau entstand in der Mitte des 16. Jahr-hunderts. Im Innern der heute refor-mierten Kirche findet man eine wert-volle Kanzel und Kirchenbänke aus dem 17. Jahrhundert, eine Orgel von 1724 und ein Epitaph von *R. Verhulst.* Die prachtvollen Glasgemälde der hol-ländischen Hochrenaissance entstan-den um 1555. In der Nähe steht das *Amstelkringmuseum* (*Ons Lieve Heer op Solder*), ein Kirchenmuseum in der ehemaligen *St. Nicolaaskerk.* Am *Oudezijds Voorburgwal* entlang gehen wir zum Hafen. Hier sehen wir rechts den

Tränenturm [19] (*Schreierstoren*) von 1488, einen alten Festungsturm der Stadtmauer, von dem aus früher die Angehörigen von den abfahrenden Seeleuten Abschied nahmen. Wendet man sich nach links, kommt man zum *Hauptbahnhof.*

Zu empfehlen ist noch der Besuch fol-gender Sehenswürdigkeiten:

Tropenmuseum [20], *Lineausstraat 2* (sehr sehenswerte Sammlung).

Allard Pierson Museum [21], *Sarpha-tistraat 129–131* (Altertümer).

Westerkerk [22], *Westermarkt*, erbaut 1620 bis 1631 von *Hendrick de Keyser*. Ihr 85 m hoher Turm trägt eine Nachbil-dung der Kaiserkrone. In dieser Kirche wurde *Rembrandt* 1669 beigesetzt. Im März 1966 fand hier die Hochzeit von *Prinzessin Beatrix* und *Claus von Ams-berg* statt. Gleich neben der Kirche be-findet sich das

Anne-Frank-Haus [23], *Prinsengracht 263*. Hier hielt sich während der deut-schen Besetzung das durch ihr Tage-buch berühmt gewordene, jüdische Mädchen *Anne Frank* und ihre Familie, von 1942–1944, verborgen. Im Au-gust 1944 wurde die Familie jedoch entdeckt und ins Konzentrationslager nach *Bergen-Belsen* verschleppt, wo alle außer dem Vater umkamen. Heute besuchen Tausende von Fremden und Einheimischen diese Erinnerungs-stätte.

Artis-Zoo [24], *Plantage Kerklaan 40*. Neben den vielen Tierarten kann man hier eines der besten Aquarien der Welt besichtigen. Einer der besonderen An-ziehungspunkte ist das Kindergehöft.

Botanischer Garten [25], *Middenlaan 2*.

Diamantenschleifereien gehören zu ei-nem der ältesten Industriezweige Am-sterdams.
Die Firmen *Asscher, Tolstraat 127, A. van Moppes en Zn.*, Albert Cuyp-straat 2–6, *D. Drukker & Zn. N.V.*, Sarphatikade 12 kann man besuchen.

Schöne alte Häuser: „Haus mit den Köpfen", *Keizersgracht 123*; „Korn-messerhaus", *N. Z. Kolk 28*; das älteste Leihhaus der Stadt, *O. Z. Voorbur-wal 300*; „Altes Zeughaus", *Singel 423*, Hafengebäude (*Havengebouw*), hinter dem Hauptbahnhof).

RESTAURANTS

Unter den vielen guten Restaurants sind wegen ihrer holländischen Spezialitäten zu empfehlen: „Die Porte van Cleve", N.Z. Voorburgwal 178—180, und „D'Vijff Vlieghen" (*Die fünf Fliegen*), Spuistraat 294—302; „t'Swarte Schaep", Korte Leidsedwarsstraat 24. Zu den guten indonesischen und chinesischen Restaurants gehören: „Bali", Leidsestraat 95; „China", Rokin 20, und „Hong-Kong", Damrak 47/48. Man sollte aber auch einmal an den sauberen Verkaufsständen den *Nieuwe Haring* (Neuer Hering) probieren.

UNTERKUNFT

🏨 „Hilton", Apollolaan 138—140; „Amstel Hotel", Professor Tulpplein 1; „De l'Europe", N. Doelenstraat 2—4; „Krasnapolsky", Warmoesstraat 175 (am Dam); „Doelen Hotel", N. Doelenstraat 24.

🏨 „Parkhotel", Hobbemastraat 1—11;

„Polen", Rokin 14; „A.M.V.J. Centraal Hotel" (C.V.J.M.), Leidsebosje.

🏛 „Museum", P.C. Hooftstraat 2—14 (bei der Stadhouderskade).

△ Kloveniersburgwal 97.

⛸ „Amsterdamse Ijsclub", Ijsbaanpad 45. „Amsterdamse Bos".

PRAKTISCHE HINWEISE

🚉 Im *Hauptbahnhof* (*Centraal Station*) [1] laufen alle wichtigen in- und ausländischen Verbindungen zusammen.

Die Züge nach *Haarlem* verkehren sechsmal stündlich, die nach *Hilversum* und *Utrecht* dreimal stündlich, die nach *Alkmaar* zweimal stündlich und die nach *Hoorn* stündlich. Die meisten Züge halten auch am Bahnhof *Amstelstation*, die nach *Hilversum* und *Utrecht* auch am Bahnhof *Muiderpoort* (nicht FD- und Schnellzüge).

🚌 Zahlreiche Autobuslinien, u. a. zum Flughafen *Schiphol* (ab *Hauptbahnhof* und *Surinameplein*), nach *Den Haag* (ab *van Musschenbroekstraat*), nach *Haarlem* (ab *Marnixstraat*) und nach *Monnikendam—Edam—Volendam* und *Purmerend* (Abfahrt gegenüber der *Sankt Nicolauskirche*).

✈ Flughafen *Schiphol* (9 km süd-west-lich von Amsterdam). Weltflughafen. Zubringerbusse fahren ab *Hauptbahnhof* und *Museumplein*.

⚓ In der Nähe des *Hauptbahnhofs* Autofähren über das *Ij* zu den nörd-lichen Stadtteilen.

Die Rundfahrtboote für die Grachten- und Hafenrundfahrt verkehren ab *Damrak, Rokin* und *Nassaukade*.

Stadtrundfahrten mit dem Autobus: Crown Tours, Key Tours und weitere Firmen.

Hauptpost: N.Z. Voorburgwal (hinter dem Schloß).

Verkehrsverein [T]: Rokin 5; im Som-mer im Hauptbahnhof.

AUSFLÜGE

Mit dem Schiff (nur im Sommer):

1. Täglich ab *Nicholaas Witzenkade* (gegenüber „Heineken Brauwery"), nur im Sommer, nach *Ouderkerk.*

2. Außer Freitag und Montag, begin-nend mit dem zweiten Sonntag im Juni, ab *Sloterkade* über *Westeinder Plas* und *Braassemermeer* zur *Avifauna* (siehe S. 55).

3. Mit dem Bus nach *Monnikendam*, von dort aus weiter mit dem Schiff nach *Marken* und *Volendam.*

Auf dem Land:

Mit dem Autobus ab *Hauptbahnhof* zum Flughafen *Schiphol* oder zur Blu-menstadt *Aalsmeer.* — Freitags mit dem *Kaasexpres* (Käseexpreß) zum Käsemarkt in *Alkmaar.*

Den Haag und Scheveningen

Den Haag (500 000 Einw.), oft auch *'s-Gravenhage* genannt, ist die dritt-größte Stadt des Landes und Sitz der Regierung. Eindrucksvolle Gebäude, breite Straßen und Plätze machen sie zusammen mit dem nur etwa 5 km ent-fernten Seebad *Scheveningen* zu einem beliebten Anziehungspunkt. Die Stadt bildete sich um eine 1248 von *Graf Wilhelm II.* erbaute Burg. Seit 1598 hatten hier die *Generalstaaten* ihren Sitz, und in neuerer Zeit ist die Stadt durch die Friedenskongresse und *Haager Konferenzen* wiederholt Mittel-punkt des Weltgeschehens gewesen.

RUNDGANG

Wir beginnen am *Buitenhof* und gehen durch einen Torbogen in den

Binnenhof [1], den früheren Innenhof des Schlosses der *Grafen von Holland.* Im Mittelpunkt des Gebäudekom-plexes liegt der *Ridderzaal* (13.Jh.). Hier fährt am *Prinsjesdag* (3. Dienstag im September) die Königin in der *Goldenen Kutsche* zur Parlamentseröff-nung vor. Die übrigen Gebäude (mit Ministerien und Parlamentssälen) stammen aus verschiedenen Epochen.

Durch den hinteren Torbogen kommen wir zum

Mauritshuis [2]. Es wurde 1633—44 von *Pieter Post* nach Plänen von *Jacob van Campen* für den Grafen *Johann Maurits van Nassau* erbaut und beher-bergt eine reiche Sammlung von Ge-mälden fast aller großen Meister des 17. Jahrhunderts (siehe S. 11).

Wir gehen jetzt durch die Straße *Korte Vijverberg* und dann am Weiher (*Vijver*) entlang zur

Gevangenpoort [3]. Dieses alte Stadt-tor enthält eine Sammlung mittelalter-licher Folterwerkzeuge. Vom Platz *Buitenhof* biegen wir in die interessante *Glaspassage* ein und gehen zur *Spui-straat.* Diese mündet in die breite Straße *Spui*, von der rechts die *Grote-marktstraat* abbiegt. Im Haus *Nr. 37* be-findet sich das sehenswerte

Zeiss-Planetarium [4]. Weiter kommen wir zum *Grotemarkt* und besuchen hier, an der Ecke *Prinsegracht*, das

Museum Bredius [5], mit Gemälden, Kunsthandwerk und Trachten. Durch die *Jan Hendrikstraat* gehen wir zur

Grotekerk [6], einem Gotteshaus, deren älteste Teile aus dem 15. Jahrhundert stammen. Dahinter steht am *Groenmarkt* das

Rathaus [7], das im 15. Jahrhundert vollendet und 1734 und 1833 erweitert wurde. In der Verlängerung der *Hoogstraat* (viele Antiquitätengeschäfte) liegt das ehemalige

Königliche Schloß [8] (*Paleis Noordeinde*). 1533 wurde es als Privatwohnsitz erbaut; seine jetzige Gestalt erhielt es 1640 von *Jacob van Campen* und *Pieter Post*; nach einem Brand (1948) wurde es in seinem alten Stil wiederhergestellt. Von hier gehen wir geradeaus und kommen zum

Panorama Mesdag [9], *Zeestraat 65b*. Dieses imposante Rundgemälde von *H. W. Mesdag* (1831—1915) stellt das alte *Scheveningen* von 1880 dar. In der Nähe liegt der

Plein 1813 [10], mit dem *Unabhängigkeitsdenkmal*, dessen Grundstein 1863 gelegt wurde. Wir überqueren nun die *Javastraat* und kommen zum

Friedenspalast [11] (*Vredespaleis*). Er wurde 1913 eingeweiht und ist Sitz des *Internationalen Gerichtshofes* und der *Völkerrechtsakademie*. Im Innern können Sie zahlreiche bedeutende, von verschiedenen Staaten gestiftete Kunstwerke besichtigen. In der Nähe liegt das

Museum Mesdag [12], *Laan van Meerdervoort 7f*, mit Gemälden aus der zweiten Hälfte des 19. Jahrhunderts.

Mit der Autobuslinie *4* oder auch zu Fuß gelangen wir zum

Gemeentemuseum [13] (*Gemeindemuseum*), *Stadhouderslaan 41* (siehe S. 11). Hier findet man Altertümer, Keramik, Musikinstrumente und die Mondriaan Sammlung (moderne Kunst). In der Nähe (Churchillplein 10) das *Niederländische Kongreßzentrum*. Nun fahren wir mit dem Bus *Nr. 14* nach *Scheveningen*.

Das Mauritshuis

SCHEVENINGEN

Dieser größte und eleganteste Badeort des Landes war ursprünglich ein Fischerdorf und hat noch heute eine große Heringsfangflotte. An den Häfen und in der Altstadt sieht man noch Leute mit alten Volkstrachten. Das *Museum „Oud Scheveningen", Neptunusstraat 92*, zeigt Schiffsmodelle und Trachtengruppen. Der Strand hat internationales Gepräge, so daß Scheveningen eigentlich zwei Gesichter hat.

Kultureller Mittelpunkt ist das *Kurhaus*, in dem auch Veranstaltungen im Rahmen des *Holland-Festival* geboten werden. Neben dem Kurhaus ist ein interessantes *Seeaquarium*. Die 3 km lange Strandpromenade bietet einen ungehinderten Ausblick auf die See. Ihr Mittelpunkt ist der 400 m weit ins Wasser ragende *Pier*. Der breite Sandstrand bietet allen Badekomfort. Ein beliebtes Ziel ist der prächtige *Westbroekpark*. In ihm findet ab Juni der *Internationale Rosenkonkurs* mit den schönsten und neuesten Züchtungen aus aller Welt statt.

Zur Rückfahrt nach Den Haag nehmen wir die Straßenbahnlinie *9*, unterbrechen die Fahrt jedoch an der Haltestelle *Wittebrug* und besuchen

Madurodam [14], eine entzückende Miniaturstadt, in der Gebäude, Straßen und Anlagen aus allen Landesteilen im Maßstab 1 : 25 nachgebaut sind. Wir sehen dort u. a. den Binnenhof und den Friedenspalast von Den Haag, das Rathaus von Hilversum und die Abteikirche von Middelburg.

Madurodam ist voller Leben. Im Hafen fahren Schiffe, auf dem Flugplatz dröhnen die Motoren, Straßenbahnen und Eisenbahnen huschen durch die Anlage und auf der Autobahn ist Hochbetrieb.

Zu empfehlen sind auch Wanderungen oder Radtouren durch die Dünen und die schönen Wälder *Haagse Bosjes* und *Scheveningse Bosjes*. In den *Haagse Bosjes* (Richtung *Wassenaar*) liegt *Huis ten Bosch*, ein 1647 von *Pieter Post* erbautes Schloß, das noch von der Königin bewohnt ist. Hier fand 1899 der erste Friedenskongreß statt.

RESTAURANTS

In Den Haag und Scheveningen gibt es viele empfehlenswerte Restaurants. Aus der großen Zahl seien genannt: das Fischrestaurant „Saur", Lange

Voorhout 47–53, und das Restaurant „Onder't oude Raedthuys". Von den chinesischen und indischen Restaurants nennen wir „Het Verre Oosten", Badhuisweg 2, von den vielen preisgünstigen Speisegaststätten „The Corner", Anna Pauwlonastraat 70c.

UNTERKUNFT

Den Haag: ⌂⌂⌂ „Des Indes", Lange Voorhout 56; „Bel Air", Johan de Wittlaan 30.

⌂⌂ „Parkhotel", Molenstraat 53; „Central", Lange Poten 6; „Corona", Buitenhof 41–42.

⌂ „Astoria", Stationsweg 159; „Excelsior", Hoefkade 3–5.

Scheveningen: ⌂⌂⌂ „Europa Hotel", Zwolsestraat 2; „Eurotel", Gevers Deynootweg 63.

⌂⌂ „Badhotel", Gevers Deynootweg 15; „Bali", Badhuisweg 1; „Duinhotel", Seinpostduin 24.

⌂ „Rona", Duinweg 17a–19; „Maaswijk", Stevinstraat 1; „Strandhotel", Zekant 111.

△ *Loosduinen*, Monsterseweg 4 (Autobus H.T.M. 26 oder Bus Nr. 9).

△ Ockenburgh: Duinhorst: Duinrell.

PRAKTISCHE HINWEISE

🚃 Den Haag hat zwei Bahnhöfe:

Vom Bahnhof *Hollandse Spoor* (*H. S.*) nach Amsterdam, Rotterdam; vom *Hauptbahnhof* nach Gouda – Utrecht – Oberhausen.

🚌 Zahlreiche Linien, u. a. nach Amsterdam, Leiden, Wassenaar usw.

Verkehrsverein [VVV]: *Den Haag*, Bahnhof H.S. (Ausgang), *Scheveningen*, Gevers Deijnootplein (Nähe Kurhaus).

AUSFLÜGE

Mit dem Schiff:

1. Kreuzfahrt vor der Küste (ab Scheveningen, Hafen). 2. Tagesausflug zur *Avifauna* (siehe S. 55).

Auf dem Land:

Mit der Straßenbahn nach *Delft*. Mit dem Autobus nach *Wassenaar*, *Leidschendam* (Automobilmuseum) oder durch das *Westland* über *Naaldwijk* nach *Hoek van Holland* (siehe S. 57). Stadtrundfahrten und Ausflüge: Auskunft über Verkehrsbüro.

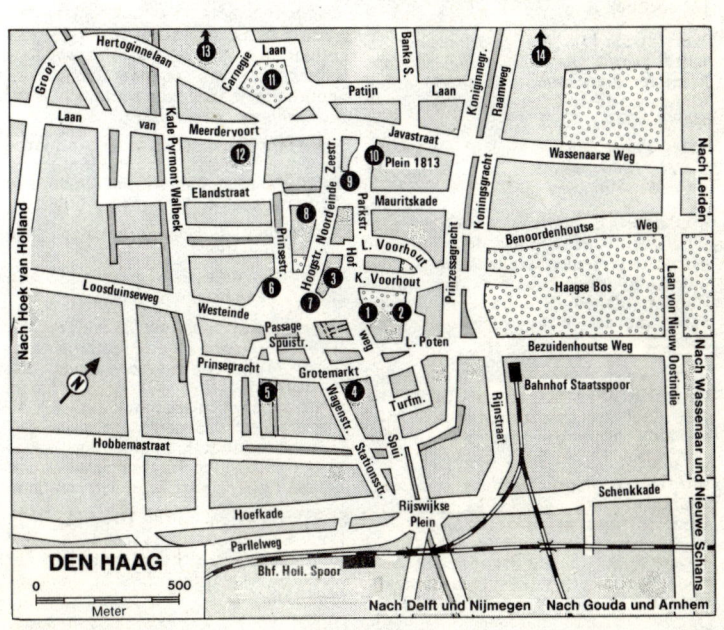

23

Rotterdam

Rotterdam (650 000 Einw.), ursprünglich ein Fischerdorf an der Mündung der *Rotte* in die *Nieuwe Maas*, ist heute die zweitgrößte Stadt Hollands. 1283 erhielt Rotterdam Stadtrechte. Aber erst im 16. Jahrhundert wuchs es zu einem bedeutenden Handelsplatz heran. 1872 wurde der *Nieuwe Waterweg* (Neuer Wasserweg) eröffnet. Mit dieser Verbindung zur See setzte der endgültige Aufschwung ein. Im Zweiten Weltkrieg wurden die Innenstadt und große Teile des Hafens zerstört. Daher findet man in Rotterdam, im Gegensatz zu anderen Städten Hollands, kaum noch ein älteres Gebäude. Sofort nach 1945 begann ein großzügiger Wiederaufbau. So entstanden ein Hafen, der allen neuzeitlichen Anforderungen gerecht wird, und eine Stadt, die für den modernen Städtebau als vorbildlich gilt. Seit 1964 besitzt Rotterdam den größten Hafenumschlag der Welt.

Die Lijnbaan

RUNDGANG

Vom *Hauptbahnhof* [1] gehen wir halbrechts am riesigen *Großhandelsgebäude* [2] vorüber zum

Bauzentrum [3] (*Bouwcentrum*), der *Internationalen Beratungsstelle für das gesamte Bauwesen*, mit interessanten Plänen und Modellen (*werktags 9—17 Uhr geöffnet*).

Vom Platz *Weena* biegen wir in die *Karel Doormanstraat* ein. Hier ist einer der Zugänge zur

Lijnbaan [4], dem mustergültigen Geschäftszentrum. Die nur dem Fußgänger vorbehaltenen Straßen sind seitlich überdacht und haben in der Mitte Blumenanlagen, Brunnen und Plastiken. Eine dieser Einkaufspromenaden endet am

Rathaus [5], dem größten des Landes. Es wurde 1914—20 erbaut. Im Stadtverordnetensaal sieht man gute Wandgemälde (*Montag — Freitag 9—16 Uhr geöffnet*).

Wir folgen dem *Coolsingel* bis zum *Beursplein* mit der 1941 erbauten *Börse* [6] und gehen durch die *Hoogstraat* zur *St. Laurenskerk* [7] (1460), deren Kriegsschäden ganz behoben sind. Vor ihr steht das *Erasmusdenkmal* (1622) von *Hendrik de Keyser*. Das Geburtshaus des berühmten Hu-

manisten steht nicht mehr. Im *Erasmussaal*, hinter der Kirche am *Nieuwe Markt 1*, befinden sich Dokumente und Erinnerungsstücke.

Wir gehen zurück zur *Korte Hoogstraat*, wo das

Schielandshuis [8] (1662—65 als Deichgenossenschaftshaus gebaut) steht. Es enthält das *Historische Museum* von Rotterdam mit stadtgeschichtlichen Sammlungen (*geöffnet werktags 10 bis 17, sonntags 11—17 Uhr*).

Am Platz *Blaak* steht das „Denkmal für eine zerstörte Stadt" (1953) von *Ossip Zadkine*, das an die Zerstörung der Stadt am 14. Mai 1940 erinnert.

Durch den *Binnenweg* gelangen wir zum *Westersingel*.

Wir folgen dem *Binnenweg* und dann links der *Jongkindstraat* zum

Museum Boymans-van Beuningen [9], *Mathenesserlaan 18—20* (siehe S. 1). Dieses Museum birgt neuerdings auch die Stiftung *Willem van der Vorm*, die zuvor separat in einem Gebäude am Westersingel untergebracht war. Die Stiftung umfaßt Gemälde und Keramik. — Durch die *Mathenesserlaan* und die *Rochussenstraat* kommen wir zum

Seefahrtsmuseum „Prins Hendrik„ [10], *Burgemeester 's Jacobplein 8*, mit Sammlungen aus der Geschichte der Seefahrt (*werktags 10—17, sonntags 11—17 Uhr*).

Durch die *Rochussenstraat* gehen wir

zum *Coolhaven* und dort über die zweite Brücke zum Stadtteil

Delfshaven, der im Zweiten Weltkrieg verschont blieb und sein altes, malerisches Stadtbild bewahrt hat. Im Zentrum dieses ehemaligen Hafens von *Delft* steht das Denkmal des Seehelden *Piet Heijn.*

Wir kommen zum *Parkhaven* und gehen über eine der Schleusenbrücken zum

Euromast [11], dem Wahrzeichen Rotterdams. Dieser 180 m hohe Turm wurde 1970 vollendet. Er bietet einen prächtigen Ausblick über Stadt und Hafen. Gleich daneben ist die Einfahrt in den

Maastunnel [12]. Er ist 1079 m lang und führt in 14 m Tiefe unter der *Nieuwe Maas* hindurch zu den südlichen Stadtteilen. Für Radfahrer und Fußgänger besteht ein getrennter Tunnel mit Fahrstühlen an beiden Enden.

Durch den *Park* gelangen wir zur *Parklaan.* Im Haus *Nr. 16* ist das *Steuermuseum* [13] untergebracht (*werktags 9.30—14 Uhr).* Das

Museum für Länder- und Völkerkunde [14], *Willemskade 25a,* enthält Sammlungen aus allen außereuropäischen Erdteilen (*werktags 10—17, sonntags 11—17 Uhr).*

Nun gehen wir am Wasser entlang zum *Willemsplein.* Hier ist die *Abfahrtstelle* [15] der Schiffe zur

Hafenrundfahrt. Die Kais für die See- und Binnenschiffahrt sind insgesamt 36 km lang. Jährlich legen hier über 32000 Seeschiffe und über 260000 Binnenschiffe an. Die Lösch- und Ladearbeiten besorgen etwa 400 Uferkräne, 100 Schwimmkräne und 40 Getreideheber. Das Umschlagsvermögen liegt bei über 100 000 Tonnen Massengut pro Tag. Ferner verfügt der Hafen über etwa 30 Schwimmdocks. Auf dieser Hafenrundfahrt werden nur die im Stadtgebiet von Rotterdam liegenden Häfen gezeigt. Eigentlich ist das gesamte Gebiet zwischen *Rotterdam* und *Hoek van Holland* ein einziger großer Hafen. Nach Westen hin liegen die Häfen von *Schiedam* und *Vlaardingen,* die Ölhäfen und Raffinerien von *Pernis* und die am *Botlek* sowie schließlich der im Ausbau befindliche *Europoort* südlich von *Hoek van Holland,* der auch die allergrößten Schiffe aufnehmen kann.

Vom *Willemsplein* fahren wir mit der U-Bahn zum *Hauptbahnhof* zurück.

Weitere Sehenswürdigkeiten:

Pädagogisches Museum [16], *'s Gravendijkwal 60*, mit Beratungsstelle für Kindererziehung (*werktags, außer montags, 10—12 und 14—17 Uhr*).

Blijdorp-Zoo [17], *van Aerssenlaan 49*, mit großen Freigehegen.

RESTAURANTS

„Engels", Stationsplein 45; „Old Dutch", Rochussenstraat 20; „Asia", Nieuwe Binnenweg 151.

UNTERKUNFT

♒ „Atlanta", Aert v. Nesstraat 4; „Hilton", Weena 10.

♒ „Central", Kruiskade 12.

⌂ „Holland", Provenierssingel 7.

△ „De Windroos", Rochussenstraat 107—109. — © Kanaalweg 84.

Verkehrsverein [T]: Stadhuisplein 19.

PRAKTISCHE HINWEISE

🚄 Vom *Hauptbahnhof:* Delft—Den Haag; Gouda—Utrecht—Amsterdam; Dordrecht — Breda — Roosendaal; Hoek van Holland. Vom *Bahnhof Hofplein:* Den Haag. Vom *Bahnhof Blaak:* Dordrecht.

🚌 Zahlreiche Linien, u. a. nach Hellevoetsluis, Kinderdijk, Naaldwijk, Oostvoorne und über die neuen Dämme und Brücken nach Zierikzee.

⛴ (Nur im Sommer) U. a. zu den Häfen im Botlekgebiet, nach Hoek van Holland, zum neuen Ölhafen Europoort, zum Schleusenwerk im Haringvliet, zu den Schleusen bei Willemstad und nach Schoonhoven. Ferner Rheinfahrt bis Basel.

✈ London, Southend, Manchester, Zürich, Amsterdam.

AUSFLÜGE

1. Stadtrundfahrten mit dem Autobus ab Verkehrsverein (Nähe Rathaus).

2. Autobusausflüge zu den Windmühlen am *Kinderdijk* (siehe S. 49).

3. Nach *Schiedam*, einer schönen alten Stadt, mit Likörmuseum.

4. Busfahrt zum Seebad *Oostvoorne.*

5. Sehr beliebt und interessant ist die Tagestour mit dem Schiff ab Willemsplein zur Schleuse im *Haringvliet.*

Das Schiff fährt am *Stormstuw*, den Windmühlen am *Kinderdijk* und an *Dordrecht* vorüber, passiert die *Haringvlietbrug* (siehe S. 60) und erreicht dann das riesige Schleusenwerk, das seit 1970 durch Abschlußdämme mit den Inseln *Voorne* und *Goeree* verbunden ist. Man mußte hier im Haringvliet zuerst die Schleuse und dann die Abschlußdämme bauen, damit die Wassermassen von Rhein und Maas während der Bauzeit ungestört in die See abfließen konnten. Mitten im Wasser warf man zunächst einen ringförmigen Damm auf, pumpte dessen Innenraum leer und erhielt so eine trockene Baugrube. Als Basis des Bauwerks wurden lange Betonpfähle in den Untergrund gerammt. Darüber goß man eine starke Fundamentplatte. Da bis zu 21 000 cbm Wasser pro Sekunde abgeführt werden müssen, unterteilte man die dazu erforderliche Durchlaßgröße von 5300 qm in 17 Einzelschleusen. Jede der 56,5 m breiten Einzelschleusen hat zwei Tore, eines an der Seeseite und eines an der Flußseite. Daher kann man im Notfall eines der Tore auswechseln, ohne dadurch das Funktionieren der Schleuse zu stören. Die Tore an der Flußseite sind so geräumig gebaut, daß Eisbrecher darin arbeiten können. Die Maschinenräume befinden sich in den Pfeilern. Einige Pfeiler enthalten enge Kanäle, durch die der Aal auf seiner Wanderung auch bei geschlossenen Toren seinen Weg findet. Der gesamte Komplex ist über 1 km breit. Über die Schleuse und die beiderseitigen Dämme führt eine Autostraße. Neben der Schleuse ist ein Besucherparkplatz.

Auf dem Rückweg fährt unser Schiff über *Spui-Oude Maas-Nieuwe Maas.*

Schleusen im Haringvliet

Groningen

Groningen (169 000 Einw.), 51 km von dem Grenzort *Nieuwe Schans* entfernt, ist die größte Stadt der nördlichen Niederlande, Hauptort der Provinz *Groningen* und Universitätsstadt. Sie ist durch den 26 km langen *Eemskanaal* mit der Hafenstadt *Delfzijl* an der Emsmündung verbunden. Groningen ist die siebtgrößte Stadt des Landes, an wirtschaftlicher Bedeutung aber wird sie nur von Amsterdam und Rotterdam übertroffen.

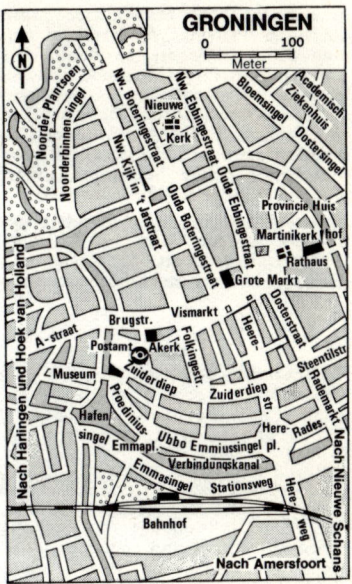

SEHENSWÜRDIGKEITEN

Der *Grote Markt* ist der Mittelpunkt der Stadt. Hier wird jeden Mittwoch und Samstag Flohmarkt abgehalten. Es gibt Busse vom Bahnhof dorthin, über den *Hereplein*. Der Marktplatz wird von dem schönen Rathaus (*Raadhuis*) beherrscht, das 1810 in klassizistischem Stil vollendet wurde. Beachtenswert sind aber auch die mittelalterlichen Häuser, die ihre malerischen Giebel dem Platz zukehren. In einem von ihnen, dem *Goudkantoor* ("Goldkontor") hinter dem Rathaus, das mit zwei besonders schönen Giebeln geschmückt ist, befindet sich der Verkehrsverein (*Herestraat / Carolieweg* Fußgängerzone).

An der nordöstlichen Ecke des Marktes ragt der 97 m hohe Turm der *Martinikirche* empor, das Wahrzeichen der Stadt und der dritthöchste Kirchturm des Landes. Die gotische Kirche erhielt im 15. Jahrhundert ihre gegenwärtige Gestalt, der Innenraum wurde später erneuert. Im Chor wurden 1924 mittelalterliche Fresken mit Darstellungen aus dem Leben Jesu entdeckt. Die schöne Apsis stammt aus dem 15. Jahrhundert.

Hinter der Kirche steht das *Provinciehuis*, ein Renaissancegebäude, in dem die Provinzverwaltung ihren Sitz hat.

Das sehenswerte *Museum* der Stadt befindet sich *Praediniussingel 59*, in der Nähe des Postamts. Es enthält vorgeschichtliche, geschichtliche und kunstgewerbliche Sammlungen und eine gute Gemäldegalerie.

Ein Spaziergang zum Park *Noorder Plantsoen*, der sich an der Stelle des alten Festungswalls der Stadt befindet,

ist lohnend. Wir erreichen ihn vom *Grote Markt* durch die *Oude Boteringestraat* und die *Nieuwe Boteringestraat*. Dabei kommen wir an der *Nieuwe Kerk* (1665) vorbei.

🛥 Leeuwarden — Harlingen; Nieuwe Schans (— Deutschland); Roodeschool; Meppel — Zwolle.

🚌 Verbindungen in alle Richtungen.

🏨 "Helvetia", Hereplein 51.

🏨 "De Doelen", Grote Markt 36.

🏠 "Weeva", Gedempte Zuiderdiep 8.

AUSFLÜGE

1. *Paterswolder Meer*, 8,5 km südlich von Groningen, mit Autobus etwa 20 Minuten.

2. Das Schloß *Menkemaborg* aus dem 15. Jahrhundert. Man kann es mit Eisenbahn oder Autobus über *Uithuizen* (nördlich von Groningen) erreichen. In der Nähe liegt der Ort *Oldenzijl* mit einer Kirche aus dem 13. Jahrhundert.

3. *Zuidlaren*. Man erreicht es mit dem Autobus und kann dann weiter zum *Zuidlaarder Meer* gehen.

Haarlem

Haarlem (172 000 Einw.), die Hauptstadt der Provinz *Noordholland* und eine der interessantesten Städte des Landes, liegt im Mittelpunkt des berühmten holländischen Gartenbaugebiets. Weite Tulpenfelder erstrecken sich südlich der Stadt und in der Dünenkette der Nordsee. In der Nähe von Haarlem liegt der bekannte Badeort *Zandvoort* (siehe S. 29).

Haarlem soll im 8. Jahrhundert gegründet worden sein. Im 11. Jahrhundert wurde es Sitz der Grafen von Holland. 1245 erhielt es die Stadtrechte.

RUNDGANG

Wir beginnen den Rundgang auf dem *Grote Markt*, dem Mittelpunkt der Stadt. (Vom Bahnhof Autobus 1, 2, 5 und 6). Der Platz wird von der großen

St. Bavokerk (auch: *Grote Kerk*) beherrscht, einer dreischiffigen Kirche, die im 15. Jahrhundert im spätgotischen Stil erbaut und später teilweise restauriert wurde. Sie ist über dem Grab des *heiligen Bavo* errichtet; in ihr befinden sich auch die Gräber der Maler *Frans Hals* und *Adriaen van Ostade.* Von dem 80 m hohen Turm (1519) hat man eine prachtvolle Aussicht. Die Seitenschiffe sind verhältnismäßig schmal und niedrig, wodurch

die Höhe und Länge des Mittelschiffes noch hervorgehoben wird. Die Zedernholzdecke der Kirche wird von 28 Säulen getragen. Die schöne geschnitzte Kanzel stammt aus dem Jahr 1679. Das Kupfergitter vor dem Chor ist ein

Rathaus

Meisterwerk des *Jan Fierens* aus Mecheln. Die Orgel, eine der bedeutendsten der Welt, wurde in den Jahren 1735—38 gebaut und 1968 restauriert. *Mozart* spielte als Zwölfjähriger auf ihr, *Schubert* als Zehnjähriger. Auch *Händel* gab dort Orgelkonzerte. Die Orgel hat 3 Manuale, 68 Register und 500 Pfeifen (im Sommer kostenlose Orgelkonzerte).

Vor der Kirche steht das 1856 errichtete Denkmal des Glöckners *Lourens Coster* (1370—1440), der schon vor Gutenberg die Buchdruckerkunst erfunden haben soll.

Gegenüber der Kirche ist das alte Schlachthaus (*Vleeshal*), ein schönes Backsteingebäude aus dem Jahr 1602 (jetzt Ausstellungsgebäude).

Wir gehen nun am Platz vorbei und kommen zu dem schönen *Rathaus*, das als Palast der Grafen von Holland Mitte des 14. Jahrhunderts erbaut wurde.

Mehrere Restaurants am *Grote Markt* geben Gelegenheit zu Erfrischungen. Dort haben Sie einen guten Blick auf den Platz mit seinem stets lebhaften Treiben und seinen schönen alten Bauten. An der Ecke von *Grote Markt* und *Smedestraat* liegt die alte *Hauptwache*. Wir biegen nun in die *Jansstraat* ein. Im Haus Nr. 79 befindet sich das

Bischöfliche Museum, das Sammlungen mittelalterlicher und neuerer Gemälde, Skulpturen, Handschriften, u.a. enthält.

Zurück zum *Grote Markt* und in derselben Richtung wie vorher weiter. In der *Lange Begijnestraat* Nr. 13 ist das Konzerthaus der Stadt. Wir folgen der Hausreihe auf dem *Grote Markt* nach rechts und gehen dann nach links durch die *Damstraat* zum Ufer des *Spaarne*. Haus Nr. 7 ist das *Waaggebouw*, die 1598 von *Lieven de Key* erbaute öffentliche Waage. Etwas weiter links erreicht man das

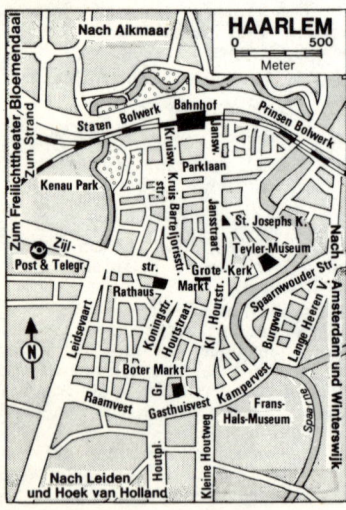

Teyler-Museum mit reichhaltigen Sammlungen von Fossilien, von physikalischen Instrumenten, von Steinen und anderen Mineralien. Eine große Abteilung enthält wertvolle Zeichnungen und Gemälde, besonders der holländischen Schule des 17. Jahrhunderts, u. a. von *Rembrandt* und seinen Schülern, von großen italienischen Malern, wie *Leonardo da Vinci, Michelangelo* und *Veronese*. Ferner enthält diese Abteilung moderne Gemälde.

Wir gehen nun über die *Spaarne* zur *Spaarnwouderstraat*. Flußabwärts kommen wir zur Ende des 15. Jahrhunderts erbauten *Amsterdamsepoort*, dem einzigen noch erhaltenen Stadttor. Von dem Tor gehen wir längs der *Spaarne* zurück und biegen nach links in den *Burgwal* ein. An der katholischen *St. Dominikuskerk* vorbei erreichen wir über die *Langebrug* den *Turfmarkt* und dann durch den *Kampervest* die Straße *Groot Heiligland*. Im Haus Nr. 62 befindet sich das

Frans-Hals-Museum (siehe S. 11). Dieser 1608 errichtete Gebäudekomplex war ursprünglich Altersheim und später Waisenhaus. Ein Teil wurde im Stil des 17. Jahrhunderts restauriert.

Schließlich besuchen wir einige der schönen alten Höfe (*Hofjes*), die in architektonischer Hinsicht besonders bemerkenswert sind. Wir gehen durch die *Grote Houtstraat*, dann nach links in die *Oude Gracht*, weiter über den Platz *Verwulft* und schräg links über den *Botermarkt*. Hier ist im Haus Nr. 9—11 das *Hofje van Bruining*. Etwas weiter links finden wir in der *Tuchthuisstraat Nr. 8* das *Hofje van Brouwer*. Vom *Botermarkt* aus kann man zwei kurze Abstecher machen: zuerst nach links zum *Hofje van Loo*, *Barrevoetestraat 7*, und dann zum Haus der *Kloveniersdoelen*, einer alten Schützengilde, *Gasthuisstraat 32*. (Weitere *Hofjes* findet man in der Nähe des Bahnhofs.) Wir gehen vom *Botermarkt* zum *Grote Markt* zurück.

PRAKTISCHE HINWEISE

⛴ Zandvoort-Bad; IJmuiden; Alkmaar; Amsterdam; Leiden—Den Haag.

🚌 Zahlreiche Autobuslinien (auch nach Amsterdam). Die meisten Autobusse gehen vom *Bahnhofsplatz* ab, nur nach Zandvoort und Schiphol von der *Tempelierstraat*.

🏨 „Wienerwald", Grote Markt 10; „Lion d'Or", Kruisweg 34—36; „Van Aken", Baan 1.

🍴 „Huize Beatrix", Zijlweg 196—198; „Gouwenberg", Grote Markt 27; „Die Raeckse", Raaks 1—3.

⛺ Jan Gijzenpad 3, *Haarlem-Noord*, Autobus 2, 6; „Jan Gijzen", Overveen, Autobus 4.

⛺ „De Liede", Liewegje 17. *Bloemendaal:* „De Lakens"; „Het Helmgat" u. a.

Verkehrsverein: Stationsplein 1.

AUSFLÜGE

Das Gebiet um Haarlem wird *Kennemerland* genannt. Es ist eine fruchtbare Ebene, die von der Dünenkette an der Westküste geschützt wird. Hier liegen der Villenort *Bloemendaal* und, am Südrand von Haarlem, *Heemstede*, das von großen Blumenfeldern umgeben ist.

Während der Sommerferien verkehren viermal täglich Ausflugsboote zum Park *Groenendaal*, der besonders Kindern viel Abwechslung bietet.

Einen lehrreichen Überblick über Entwässerungsmethoden gibt uns das *Cruquius-Museum* in *Vijfhuizen* (8 km südöstlich von Haarlem), *Cruquiusdijk* 32. (*Geöffnet April—September, täglich 9—17, Oktober—November 9—16 Uhr.*)

Bei *Bennebroek* (etwa 8 km südlich von Haarlem) liegt der prachtvolle Park *Linnaeushof*. Außer seiner Blumenfülle bietet er u. a. ein sehr schönes Kinderspielgelände.

Nordseebad Zandvoort. Von Haarlem aus fährt man mit der Eisenbahn oder dem Autobus nach *Zandvoort*, einem der führenden Badeorte des Landes. Zandvoort hat einen schönen breiten Sandstrand, einen 60 m hohen Aussichtsturm, ein Delphinbecken und mehrere Camping- und Sportplätze. Nördlich des Ortes gibt es eine Autorennbahn. In den Dünen liegt ein landschaftlich sehr reizvolles Naturschutzgebiet.

🏨 „Bouwes", Badhuisplein 7; „Bouwes Palace", Burg van Fenemaplein 2.

🏨 „Hoogland", Westerparkstraat 5; „Sonnewende", Mr. Traelstrastraat 62.

🍴 „Astoria", Dr. Gerkestraat 157 bis 159; „Zuiderbad", Boulevard Paulus 5.

© „De Branding"; „Sandevoerde".

Verkehrsverein: Raadhuisplein.

Leiden

Leiden (103 000 Einw.) war ursprünglich ein Dorf an der Mündung von *Mare* und *Zijl* in den *Rijn* (Rhein). Sein Name soll auf die römische Siedlung *Lugdunum Batavorum* zurückgehen. Vermutlich um 900 verlegten die Grafen von Holland ihren Sitz nach Leiden. Ein Ruhmesblatt in der Stadtgeschichte wurde die erfolgreiche Verteidigung gegen die spanischen Belagerer im Jahr 1574. Als Belohnung für den tapferen Widerstand durfte die Bevölkerung damals zwischen einer Steuerbefreiung und einer Universität wählen. Man entschied sich 1575 für eine Universität. — Leiden ist Vaterstadt vieler großer Maler: *Rembrandt, Lucas van Leyden, Jan van Goyen, Jan Steen, Gabriel Metsu* und *Gerard Dou.*

Universität

RUNDGANG

Vom *Bahnhof* [1] folgen wir dem *Stationsweg* und sehen hinter der Gracht rechts das *Reichsmuseum der Geschichte der Naturwissenschaften* und das *Reichsmuseum für Völkerkunde* [2].

Durch die *Steenstraat* gelangen wir zum *Beestenmarkt* und *Oude Singel,* vom *Nieuwe Beestenmarkt,* mit der Windmühle „De Valk", zum

Städtischen Museum „De Lakenhal" [3], *Oude Singel 32.* Es enthält Sammlungen zur Stadtgeschichte und Werke von *Rembrandt, van Goyen, Engelbrechts, Steen* sowie „Das Jüngste Gericht" von *Lucas van Leyden* (s. S. 11). *Geöffnet werktags 10—17 Uhr, sonntags 13—17 Uhr. Eintrittsgeb.*

Wir gehen weiter am *Oude Singel* entlang und rechts über eine Brücke zur *Lange Mare,* wo die im klassizistischen Stil erbaute *Marekerk* [4] (17. Jh.) steht. Am Ende der *Lange Mare* biegen wir links in die *Haarlemmerstraat* ein, überqueren dort die erste Brücke rechts und gelangen zur spätgotischen *Hooglandsekerk (St. Pancraskerk)* [5], deren Bau 1377 begonnen wurde. Sie enthält einige schöne Grabmäler. Weiter rechts kommen wir zur

Burcht [6]. Die Burg liegt auf einem künstlichen Hügel, der ursprünglich als Zufluchtsort bei Hochwasser diente und, vermutlich im 11. Jahrhundert, befestigt wurde (herrliche Aussicht).— Durch den *Burchtsteeg,* über die *Koren-*

beursbrug (Kornbörsenbrücke) und am *Vismarkt* entlang gelangen wir zum

Rathaus [7] in der *Breestraat,* dessen prächtige Renaissancefassade (um 1600) nach einem Brand im Jahr 1929 wiederaufgebaut wurde. Gegenüber sieht man das schöne Tor zur *Penshal.*

An der Ecke *Breestraat, Pieterskerkkoorsteeg* liegt im Straßenpflaster der „Blauwe Steen", einst öffentlicher Pranger. Ebenfalls an der *Breestraat* liegen der *Stadsgehoorzaal* (Theater- und Konzertsaal) und das *Gemeenlandshuis van Rijnland* [8] (Deichgenossenschaftshaus von Rheinland), das 1596 erbaut wurde und noch eine Inneneinrichtung von 1670 hat.

Nun wenden wir uns nach rechts und gehen an der Gracht entlang zum *Aalmarkt.* Hier stehen die 1658 von *Pieter Post* erbaute *Waage* [9] und daneben das *Boterhuis* (Butterhaus). Durch die *Marsmanstraat* und den *Pieterskerkkoorsteeg* kommen wir zur

Pieterskerk [10]. Sie stammt aus dem 12./13. Jahrhundert und erhielt im 15. Jahrhundert ihre heutige Form. Sehenswert sind u. a. die Kanzel (1530) und die Orgel (1645). Eine Gedenktafel erinnert an *John Robinson* und die *Pilgerväter,* die vorübergehend in Leiden Zuflucht fanden. In der Umgebung der Kirche liegen der *Gravensteen* (13. Jh.), der zeitweilig Gefängnis war, das *Jan Pesijnshofje* (1683) und das *Prentenkabinet* (Kupferstichkabinett) der Universität.

Durch den *Herensteeg* gehen wir zur schönen Gracht *Rapenburg* und gelangen an der *Universitätsbibliothek* [11] vorüber zur

Universität [12]. Das gotische Gebäude war ursprünglich ein Kloster. Seit 1581 ist die berühmte Universität dort untergebracht, mit dem *Historischen Museum* (Porträts berühmter Gelehrter, Handschriften u. a.). Hinter der Universität liegen der *Botanische Garten* und die *Sternwarte*.

Das *Rijksmuseum voor Oudheden* [13] (Reichsmuseum für Altertümer), *Rapenburg 28*, umfaßt die Abteilungen Vorgeschichte, Ägypten, Griechenland, Rom und Vorderasien. Schräg gegenüber sehen wir den zierlichen Giebel der *Bibliotheca Thysiana* (1655).

Wir folgen der Straße *Noordeinde* zum *Wittesingel*, wo die *Rembrandtbüste* [14] (1906) von *Dupuis* steht. Wir kehren dann um und biegen in den *Weddesteeg* ein. Hier zeigt eine *Tafel* [15] an, wo Rembrandts Geburtshaus stand. Am *Galgewater* erhebt sich der prächtige Giebel der *Stadstimmerwerf* [16] (1612; Städtische Werft).

Über die *Blauwpoortsbrug* kommen wir zum *Beestenmarkt*, in dessen Nähe (*Morsstraat*) die *Morschpoort* [17] steht. Auf dem Rückweg zum Bahnhof sehen wir links das schöne *Pannekoekenhuisje* (Pfannenkuchenhäuschen).

Praktische Hinweise:

🚂 Den Haag; Haarlem — Amsterdam; Utrecht; Gouda.

🚌 Rijnsburg; Seebäder; Warmond-Amsterdam; Alphen; Den Haag u. a.

🚢 (Nur im Sommer) Ab *Beestenmarkt:* Schiphol; *Avifauna* (s. S. 55); Grachtenfahrten. Ab *Wilhelminabrug:* Avifauna.

🏨 „Holiday Inn", Haagse Schonweg 10.

🏨 „Central", Breestraat 49; „'t Karrewiel", Steenstraat 55; „Nieuw Minerva", Vrouwensteeg 11.

Verkehrsverein: Stationsplein 3.

Ausflüge:

1. Nach *Rijnsburg* (*Spinozahaus*; Blumenauktionen in der „Flora"; Blumenkorso am ersten Samstag im August).
2. Nach *Noordwijk aan Zee*, einem vornehmen Badeort (*Verkehrsverein:* De Grent 8) und *Noordwijkerhout* (△) (Verkehrsverein: Herenweg 14).
3. Nach *Katwijk aan Zee*, einem Familienbad (*Verkehrsverein:* Boulevard 8).
4. Zum Wassersportzentrum *Warmond* (*Verkehrsverein:* Dorpsstraat 57) am *Kagermeer*, mit △ in De Kaag.

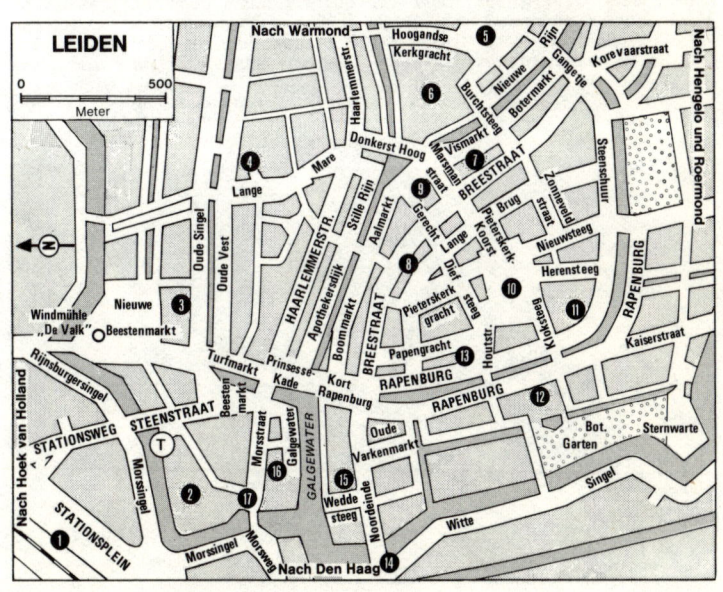

Delft

Delft (89 000 Einw.) bietet dem Besucher alles, was er von einer alten und ehrwürdigen holländischen Stadt erwartet.

Im Jahr 1246 erhielt Delft Stadtrechte und war dann Jahrhunderte hindurch eine blühende Handelsstadt. 1389 wurde die *Delfhavensche Schie* gegraben. Dadurch erhielt Delft einen Schifffahrtsweg zur *Maas* und somit auch zur Nordsee. Einem Stadtbrand im Jahr 1536 und einer Pulverexplosion im Jahr 1654 fielen viele wertvolle Gebäude und Kunstschätze zum Opfer. Seit dem 17. Jahrhundert ist die Stadt hauptsächlich durch ihre Steingutfabriken bekannt, deren Erzeugnisse, vor allem die aus dem 17./18. Jahrhundert, heute sehr begehrt sind („Delfter Blau"). Ende des 19. Jahrhunderts brachte die Industrie der Stadt weiteren Aufschwung. 1905 wurde die vielgerühmte *Technische Hochschule* gegründet, auf der u. a. der *Deltaplan* (siehe S. 7) ausgearbeitet wurde.

Viele Künstler und Wissenschaftler lebten und wirkten in Delft. 1583 wurde hier *Hugo de Groot* (*Hugo Grotius*) geboren. Der Maler *Jan Vermeer* (1632—75) verbrachte hier sein ganzes Leben. Sein Geburtshaus stand am *Markt* Ecke *Oudemanhuissteeg*. Auch der Maler *Pieter de Hoogh* (1629—84) und die Wissenschaftler *van Leeuwen-*

hoek und *Heinsius* verbrachten viele Jahre in dieser bedeutenden Stadt. Ein wichtiges Datum in der niederländischen Geschichte ist der 10. Juli 1584, an dem *Prins Willem von Oranien* im hiesigen *Prinsenhof* ermordet wurde.

RUNDGANG

Vom *Bahnhof* [1] aus gehen wir rechts an der Gracht entlang zum *Zuidwal*. Hier etwa malte *Vermeer* sein berühmtes Bild „Ansicht von Delft". Links um den Häuserblock herum gelangen wir zur *Oude Delft*, der schönsten Gracht der Stadt. Rechts sehen wir die Rückseite des *Kriegsmuseums* „Armamentarium" (nur nach Anfrage zu besichtigen). Links liegen mehrere alte Institute und rechts, an der Ecke zur *Nieuwstraat*, die alte Aula der Technischen Hochschule. Dann folgen das *Gemeenlandshuis van Delfland* [2] (Deichgenossenschaftshaus von Delfland) mit seinem prächtigen gotischen Giebel (Anfang 16. Jh.) und der

Prinsenhof [3] (ehemals *St.-Agatha-Kloster*; 15. Jh.). Er diente *Prinz Wilhelm I.* als Wohnsitz. Heute enthalten die alten Säle und Gänge ein Museum, das vor allem den Freiheitskämpfen (1568—1648) gewidmet ist. Im September findet hier die über die Landesgrenzen hinaus bekannte *Kunst- en*

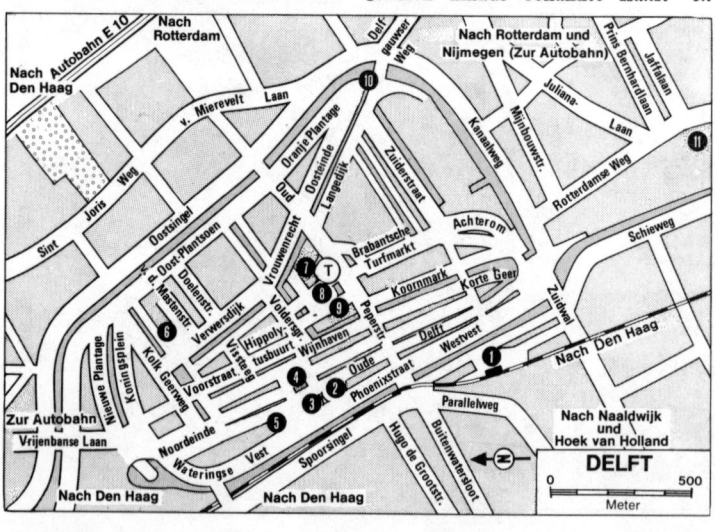

Antiekbeurs (Kunst- und Antiquitäten-messe) statt. Gegenüber steht die

Oude Kerk [4], deren heute leicht über die Gracht geneigter Turm etwa 1300 begonnen wurde. Die übrigen Teile dieser mächtigen Kirche stammen aus dem 14./16. Jahrhundert. Im Innern finden wir die Gräber der Seehelden *Piet Heijn* und *Maarten Tromp* und des Naturwissenschaftlers *Antonie van Leeuwenhoek.*

Das Museum *Huis Lambert van Meerten* [5], *Oude Delft 199,* enthält prächtige alte Möbel, Gemälde und Delfter Fayencen. Am *Begijnhof* (Beginenhof) steht die barocke *Oudkatholieke Kerk.*

Wir gehen nun rechts am *Kolk* entlang und durch die *Molenstraat* weiter zum *Verwersdijk* und biegen dort in die *v.d. Mastenstraat* ein, um das schöne *Hofje van Gratie* [6] (1575; *geöffnet mittwochs und samstags 13.30—17 Uhr*) zu besuchen. Vom *Verwersdijk* aus kommen wir durch die *Visstraat* zur *Hippolytusbuurt,* wo donnerstags der Blumenmarkt stattfindet. Unser Weg führt dann an der *Voldersgracht* entlang und durch den *Oudemanhuissteeg* zum *Markt.* Hier steht links die hohe

Nieuwe Kerk [7]. Diese gotische Kirche (14. Jh.) enthält das 1622 von *Hendrik de Keyser* geschaffene Prunkgrab des *Prinzen Wilhelm I.* und die Gruft der *Oranier.* Vom 109 m hohen Turm aus hat man eine prächtige Aussicht über Delft hinweg bis zur See. *Der Turm ist vom 1. Mai bis Mitte August wochentags von 9—18 Uhr zu besteigen.* Der Kirche gegenüber steht das

Rathaus [8]. Das ursprüngliche Gebäude wurde 1618 größtenteils durch Feuer zerstört. Rund um den geretteten Turm (14. Jh.) wurde nach Plänen von *Hendrik de Keyser* ein neues Rathaus erbaut.

Auf dem Markt findet Ende August täglich um 21 Uhr der beliebte *Taptoe-Delft* (Delfter Zapfenstreich) statt.

Hinter dem Rathaus stehen die *Waage* und das *Butterhaus* [9], deren Rückseiten auf den *Wijnmarkt* zeigen. An den *Wijnmarkt* schließt sich der *Koornmarkt* an.

Durch die *Breestraat* und die *Zuiderstraat* kommen wir zur *Oostpoort* [10]

Die Oostpoort

(15. Jh.), dem letzten erhaltenen Stadttor. Wir überqueren die Brücke, gehen rechts am Kanal entlang und biegen dann links zur

Königlichen Porzellanmanufaktur [11], *Rotterdamse Weg 196,* ab. In den Ausstellungsräumen finden wir prächtige Stücke im berühmten „Delfter Blau". Auch die Herstellung des Porzellans wird vorgeführt.

Gegenüber liegt das neue Hochschulviertel mit dem „Atom-Ei" (Reaktor).

Auf dem Rückweg biegen wir am Kanal nach links zum *Zuidwal* ab und kommen zum Bahnhof.

PRAKTISCHE HINWEISE

🚣 Den Haag und Schiedam—Rotterdam.

🚌 U. a. nach Naaldwijk im Westland. Fernstraßenbahn nach Den Haag ab Westvest (alle 15 Min.).

Restaurants:

„De Prinsenkelder", Schoolstraat 11; „Het Wapen van Delft", Markt; „Royal", Voldersgracht.

Unterkunft:

🏨 „Central", Wijnhaven 6—7; „Wilhelmina", Nieuwe Plantage 80.

⚓ „De Hertenhorst", Aan 't Verlaat.

Postamt: Hippolytusbuurt.

Verkehrsverein VVV: Markt 85.

Route 1: Enschede — Zwolle — Leeuwarden (186 km)

Enschede [137 000 Einw.), 6 km vom Grenzübergang *Glanerbrug*, hat schon seit 1325 Stadtrechte, wurde jedoch erst durch die Textilindustrie zur größten Stadt der Provinz *Overijssel*. Seit dem Brand von 1862 sind kaum alte Gebäude erhalten. Wieder aufgebaut wurde die schöne romanische Kirche, die ein reiches Glockenspiel hat.

Einen Besuch wert sind ferner das *Reichsmuseum Twenthe*, *Lasondersingel 129*, mit alter und moderner Malerei sowie kulturhistorischen Gegenständen, das *Naturmuseum*, *M. H. Tromplaan 19*, mit Sammlungen aus der einheimischen und tropischen Pflanzenwelt und das Textilmuseum. — Von den modernen Gebäuden ist besonders das *Rathaus* (1930—33) zu erwähnen. Im Volkspark steht ein von *Mari Andriessen* geschaffenes Denkmal mit Motiven aus dem Zweiten Weltkrieg.

Lohnend ist ein Ausflug zum etwa 8 km südwestlich von Enschede gelegenen Badeort *Boekelo* (Wellenbad).

🚉 Hengelo; Gronau (Deutschland).

🚌 Zahlreiche Linien, u. a. nach Boekelo und Glanerbrug (—Gronau).

🏠 „Boekelo", Boekelo.

⌂ „'t Raedthuys", Raadhuisstraat 12; „Parkhotel", Hengelosestraat 200; „Atlanta", Markt 12.

Etwa 9 km nördlich von Enschede liegt

Hengelo (70000 Einw.), 15 km, eine Industriestadt (u. a. Salzgewinnung) mit vielen modernen Gebäuden (z. B. Rathaus). In der Umgebung findet man zahlreiche alte Wassermühlen und Burgen.

🚉 Apeldoorn; Zwolle; Emmen; Oldenzaal (-Bentheim); Enschede (-Gronau); Arnhem.

🏠 „'t Lansink", C. T. Storkstraat 14—18.

🏠 „ter Waarbeek", Tuindorpstraat 132.

⌂ „Het Wapen van Hengelo", Deldener Straat 24; „De Kroon", Deldener Straat 62.

⚓ Kristalbad, Kettingbrugweg 60; de Waarbeek, Twekkelerweg 327.

Nun fahren wir über *Almelo* weiter in Richtung *Zwolle*. Bei *Nijverdal* ⚠, 30 km von Hengelo, können wir einen Abstecher zum 3 km entfernten Ferienort *Hellendoorn* machen (Märchenpark). Bei *Heino*, 49 km von Hengelo, liegen einige Schlösser, u. a. *Het Nijenhuis*.

Zwolle (76000 Einw.), 79 km, ist Hauptstadt der Provinz *Overijssel*. Diese alte Hansestadt erhielt 1230 Stadtrechte. Ihr Wahrzeichen ist der 90 m hohe Turm der *Liebfrauenkirche* (Onze Lieve Vrouwenkerk; 15. Jh.), wegen seiner Form im Volksmund „Peperbus" (Pfefferbüchse) genannt.

Rundgang:

Vom Bahnhof führt unser Weg über *Stationsweg*, *v. Royensingel* und *Sassenpoortenbrug* zur *Sassenpoort* (Sachsentor) aus dem Jahr 1409. Von dort gehen wir durch die *Sassenstraat* zum *Grote Markt*. Hier steht die *Grote Kerk* (1400) mit einer sehr schönen geschnitzten Kanzel (1617—1622) und dem *St. Michaelsklokje*, einer Uhr (1683) mit mechanischen Figuren, die sich jede halbe Stunde bewegen. Das kleine Gebäude vor der Kirche ist die 1614 erbaute Hauptwache (*Hoofdwacht*). Das alte Rathaus wurde vor einiger Zeit abgebrochen. An den *Grote Markt* schließt sich der *Melkmarkt* an. An ihm befindet sich in einem alten Patrizierhaus das *Provinciaal Overijssels Museum* (Historisches Museum) mit Gemälden, alten Möbeln, Silber und Porzellan. Im Hintergrund, am *Ossenmarkt:* die schon erwähnte *Liebfrauenkirche*. An verschiedenen Stellen der Stadt finden wir alte Giebelhäuser, so an der *Diezerstraat* die *Häuser Witte-Leeuw* und *Statenzaal*. Über die *IJssel*

Zwolle: Grote Kerk und „Peperbus"

führt die *Katerveerbrücke*. Sehr zu empfehlen ist ein Abstecher von 14 km nach *Kampen* (siehe Seite 40).

🚢 Leeuwarden; Groningen; Emmen; Hengelo; Deventer; Amersfoort.

🚌 Zahlreiche Linien.

🏨 „Wientjes", Stationsweg 7.

🏨 „Dijkstra", Grote Markt 11.

Verkehrsverein: Bethlehems Kerkplein. Nun fahren wir über *Zwartsluis* durch ein weites Seengebiet nach

Giethoorn, dem „Dorf ohne Straßen", das auch als ein „ländliches Venedig" bezeichnet wird.

Mit einem Boot fahren wir auf Kanälen unter Bäumen und geschwungenen Brücken umher und sehen an den Ufern hübsche Häuser, von denen jedes seinen eigenen kleinen Hafen hat.

Über *Steenwijk*, *Wolvega* (Denkmal für *Pieter Stuyvezand*) und *Heerenveen* gelangen wir nach

Sneek (26 000 Einw.), 160 km. Hier sollte man sich die *Hoogendster Waterpoort* (1613) und das innen sehr schöne *Rathaus* (18. Jh.) ansehen. Östlich der Stadt liegt das *Sneeker Meer* (Wassersport). Lohnend ein Abstecher von 12 km nach *Bolsward*, wo das *Rathaus* (1614) und die reiches Schnitzwerk enthaltende *Grote Kerk* (1446) sehenswert sind.

⛺ *Terhorne;* ⛺ Oppenhuizerweg 79.

Leeuwarden (88 000 Einw.), 186 km, der Hauptstadt der Provinz *Friesland.* Hier besuchen wir die berühmte Friesische Museum (*Fries Museum*, siehe S. 11). Es schildert die geschichtliche und kulturelle Entwicklung Frieslands. Dem Museum gegenüber liegt die *Kanselarij* (Kanzlei), ein schönes Renaissancegebäude. Besuchen sollte man auch das Museum *Prinsessehof* (17. Jh.), *Grote Kerkstraat* (Keramiken, orientalische Kunst, Fliesensammlung). In seiner Nähe steht der schiefe gotische Turm *Oldehove* (1529—33), der als Glockenturm eines nie erbauten Domes gedacht war.

Zu empfehlen sind Ausflüge zum *Schloß Popta* (16. Jh.), 4 km, und nach *Franeker* (18 km), s. S. 56 sowie zum nördlich gelegenen *Warftenland* (künstliche Hügel). Leeuwarden ist Ausgangspunkt der beliebten Rundfahrt zu den friesischen Seen und den 11 alten friesischen Städten (nur Juli/August).

Die Insel *Ameland* (⛺; Verkehrsverein: *Nes*) hat Fährverbindung ab *Holwerd*, 27 km, die Insel *Schiermonnikoog* (⛺; Verkehrsverein: *Schiermonnikoog, Reeweg* 5) ab *Lauwersoog*, 39 km, am 1969 vollendeten *Lauwerszee-Abschluß-damm.*

🚢 Groningen; Zwolle; Sneek; Harlingen.

🚌 Zahlreiche Linien, u.a. Alkmaar.

🏨 „Oranjehotel", Stationsweg 4.

🏨 „Eurohotel", Europaplein. „Hotel de Bleek", Groningerstraatweg 4.

⛺ *Grouw*, „Oer 't Hout", Gedempte Haven 26. „De kleine Wielen", 5 km östlich. — ⛺.

Verkehrsverein VVV Friesland, Leeuwarden, Stationsplein 1.

Route 2: Hengelo — Apeldoorn — Amersfoort — Leiden (194 km)

Hengelo (siehe S. 34) erreichen wir von *Nordhorn*, 28 km, *Bentheim*, 28 km, oder *Gronau*, 18 km, aus.

Wir verlassen die Stadt dann in westlicher Richtung auf der Straße *E 8*, die an mehreren Schlössern vorbeiführt, so bei *Delden* und *Goor*. Bei *Markelo* sehen wir einen Fernsehturm. In der Nähe von *Holten* erhebt sich der *Holterberg*, ein beliebtes Ausflugsziel.

Deventer (65 000 Einw.), 47 km, das im 8. Jahrhundert gegründet wurde, liegt an der *IJssel* und konnte viele hübsche alte Häuser bewahren. Die alten Festungswälle sind in Grünanlagen umgewandelt. Im Winter ist *Deventer* Austragungsort der Meisterschaften im Eisschnellauf.

Die spätgotische *Grote Kerk* (*St. Lebuinuskerk*) entstand durch Umbau und Erweiterung einer romanischen Basilika aus dem Jahr 1046. Von ihren ursprünglichen Teilen bestehen noch Krypta und Chor. Auch die *Bergkerk* war ursprünglich romanisch (Baubeginn 1180, 1206 geweiht). Sie enthält Reste von Wandmalereien aus dem 13. Jahrhundert. Das 1528 errichtete Waagegebäude (*Waag*) am *Brink* beherbergt das Stadtmuseum. Dahinter steht das schöne Haus *De drie gouden Haringen* (Kinderspielzeugsammlung) von 1575. Sehenswert ist auch das *Museum für mechanisches Kinderspielzeug* in der Noordenbergstr. 9. Die ältesten Teile des Rathauses (*Stadhuis*) tragen die Jahreszahl 1262. Im Ratssaal finden wir u. a. Gemälde von *Gerard Terborch*.

Neben dem Rathaus fällt der schöne Renaissancegiebel (1632) des Landhauses (*Landhuis*) auf.

🕮 Apeldoorn; Zwolle; Hengelo; Zutphen.

🚌 Viele Linien, u. a. Apeldoorn.

🏨 „Keizerskroon", Stromarkt 10; „Postiljon Motel", Deventerweg 121.

🏨 „Royal", Brink 94.

△ *Gorssel* (etwa 8 km südlich, Dortherweg 34. — △ am IJsselufer.

Verkehrsverein VVV: Stationsplein 2.

Die Straße *E 8* führt weiter nach

Apeldoorn (125 000 Einw.), 62 km, Hollands größter Gartenstadt. Besonders schön ist der riesige Park *Berg en Bos*, in dem an den Sommerabenden an einem See *Klank- en Lichtspele* (Hörspiele bei ständig wechselnden Lichteffekten) veranstaltet werden.

4 km nördlich der Stadt steht das königliche Schloß *Het Loo* (1686), in dem die frühere Königin *Wilhelmina* nach ihrer Abdankung (1948) lebte.

Zwischen *Apeldoorn* und *Arnhem* erstreckt sich der *Nationalpark Hoge Veluwe* (Autobus nach *Hoenderloo* oder *Otterlo*) mit dem sehenswerten *Kröller-Müller-Museum* (siehe S. 11), dessen Gebäudekomplex von *Henry van de Velde* errichtet wurde. Das Museum liegt in einem Park mit zahlreichen Plastiken, u. a. von *Lipschitz* und *Moore*.

🕮 Amersfoort; Deventer; Zutphen.

🚌 Viele Linien in die Umgebung.

🏨 „Bloemink", Loolaan 56; „De Keizevskroon", Koningstr. 7. — △ Asselsestraat. — △ Veldekster 25.

Wir fahren in westlicher Richtung auf der Straße *E 8* durch die schöne *Veluwe*, eine hügelige Wald- und Heidelandschaft, über *Nieuw-Milligen* (Ⓒ) weiter nach

Amersfoort (88 000 Einw.), 107 km. Die bekanntesten Bauwerke dieser

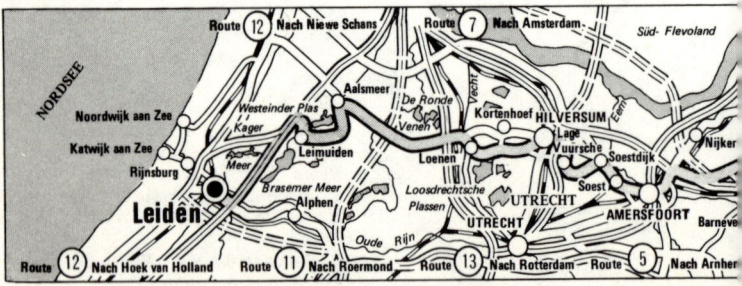

schönen alten Stadt sind die *Koppelpoort*, ein um 1400 erbautes Doppeltor, und der 100 m hohe gotische Liebfrauenturm mit einer Turmspitze aus dem 17. Jh. Zu diesem Turm gehörte die Liebfrauenkirche, die 1787 durch eine Pulverexplosion zerstört wurde. Die *Sint Joriskerk* (13./15. Jh.) hat einen schönen Lettner (16. Jh.). Sehenswert sind der eigenartige Häuserring *Muurhuizen* (15. Jh.), das stadtgeschichtliche Museum *Fléhite* sowie der *Zoo* (Barchman Wuijtierslaan 224).

🚊 Hilversum; Harderwijk; Apeldoorn; Ede—Arnhem; Utrecht.

🚌 Viele Linien, u. a. Soestdijk.

🏨 ,,Berghotel", Utrechtseweg 225; ,,De Witte", Utrechtseweg 2. 🏨 ,,'t Oude Readthuys", Hof 15; ,,Monopole", Stationsplein.

△ De Genestetlaan 9. — ⚐ ,,Bokkeduinen".

Verkehrsverein: Stationsplein 8a.

Wir fahren über *Soest* (△) nach *Soestdijk* und sehen hier am Ortsausgang das weiße Schloß (*Het Paleis*) der Königin. Etwa 1 km hinter dem Schloß biegen wir links in Richtung *Hilversum* ab und kommen durch ein schönes Waldgebiet. An unserer Straße liegen

🏨 ,,Kasteel De Hoge Vuursche" und ⚐ ,,Groot Kievitsdal".

Kurz danach kann man links einen Abstecher von 4 km nach Schloß *Drakestein* bei *Lage Vuursche* machen. Es ist der Wohnsitz der *Kronprinzessin Beatrix*. Das nächste Ziel ist

Hilversum (96 000 Einw.), 125 km, eine sehr moderne Stadt. Sie wurde vor allem durch den Rundfunk bekannt. Die Sendehäuser können nach Voranmeldung besichtigt werden. Das Rathaus der Stadt wurde von *W. M. Dudok* 1928—30 erbaut. Gute moderne Gebäude sind das Krankenhaus *Zonnestraal* und einige Schulen. Durch die

reizvolle Umgebung der Stadt führt ein 20 km langer Wanderweg.

🏨 ,,Gooiland", Emmastraat 2—4.
🏨 ,,Het Hof van Holland", Kerkbrink 1—7.
⚐ ,,Hilfertsom", Koninginneweg 30.
△ De Molshoop, Spoorlaan 2; *Kortenhoef*, Kortenhoefsedijk 137.

Verkehrsverein: Stationsplein 1—3.

In westlicher Richtung fahren wir weiter über *Oud-Loosdrecht* mitten durch das Wassersportgebiet der *Loosdrechtsche Plassen* bis *Loenen*, von wo aus wir rechts die Hauptstraße *Hilversum—Aalsmeer* erreichen. Sie kreuzt links den *Amsterdam-Rhein-Kanal* und die Autobahn *Amsterdam—Utrecht* und führt dann an einem weiteren Seengebiet, *De Ronde Venen*, vorüber nach

Aalsmeer (13 000 Einw.), 162 km, Hollands Blumenmetropole. Sehr interessant sind die am Vormittag stattfindenden Blumenversteigerungen in der *Central*-Auktionshalle (C.A.V.), *Van Cleefkade*, oder in der Auktionshalle *Bloemenlust*, *Oosteinderweg*. Auch einige der riesigen Gärtnereien können besichtigt werden.

Die Stadt liegt am *Westeinder Plas*, einem kleinen Binnenmeer, das gute Wassersportmöglichkeiten bietet. Eine Bootsrundfahrt ist sehr zu empfehlen.

🚌 Amsterdam; Haarlem; Leiden u. a.
🏨 ,,De Drie Kolommen", Stationsweg; ,,Van der Horst", Raadhuisplein.
⚐ ,,Wapen van Aalsmeer", Dorpstr. 15.

Verkehrsverein: Van Cleeffkade 13.

Wir fahren nun am Ost- und Südufer des Sees entlang und biegen dann bei *Leimuiden* auf die Straße *E 10*. Sie führt zwischen den Wassersportgebieten *Braassemer Meer* und *Kager Meer* hindurch nach

Leiden, 194 km, siehe Seite 30.

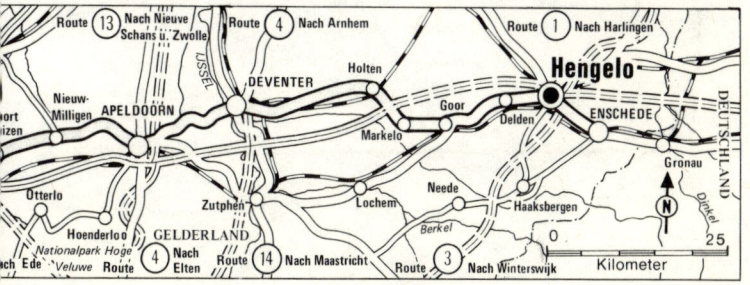

Route 3: Winterswijk — Apeldoorn — Haarlem (190 km)

Winterswijk (27 000 Einw.) liegt im *Achterhoek*, einem Teil der Provinz **Gelderland**, einer der ältesten und schönsten Kulturlandschaften der Niederlande, mit Wald und Bächen, Wiesen, Äckern und altsächsischen Höfen. Ein urgemütliches Städtchen umgeben von reiner Natur.

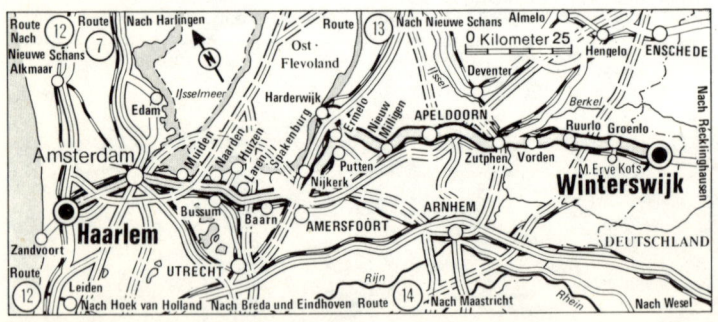 Arnhem; Zutphen—Apeldoorn.

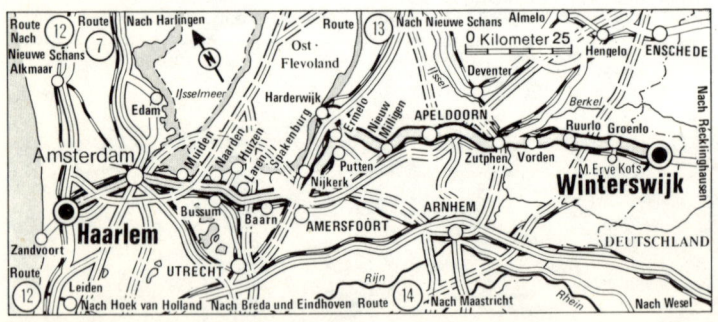 Linien in alle Richtungen und nach Bocholt in Westfalen. — 11 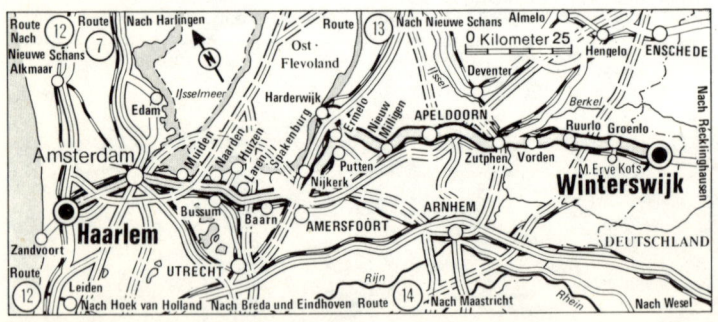.

Wir benutzen nun die Straße *N 94*. In *Groenlo*, früher einer bedeutenden Festung, finden wir einige schöne alte Gebäude, Reste der Stadtbefestigung und ein Heimatmuseum. Lohnend ist ein kurzer Abstecher zum Museum *Erve Kots*, einem vollständig eingerichteten alten Bauernhof (in der Nähe des Bahnhofs).

Weiter geht es auf der Straße *N 94* über *Ruurlo*, mit prächtigem Schloß, und *Vorden*, in dessen Umgebung acht Schlösser liegen, nach

Zutphen (28 000 Einw.), 43 km. Diese alte Stadt liegt an der Mündung der *Berkel* in die *Ijssel*. Zwei der alten Stadttore sind noch erhalten, der *Drogenapstoren* (1444) und die ebenfalls aus dem 15. Jahrhundert stammende *Berkelpoort*. Am *Gravenhof* steht die bereits im Jahr 1105 gegründete *St. Walburgskerk* (*Grote Kerk*), in deren Innern man gute Fresken aus dem 14./16. Jahrhundert und einen kupfernen Taufstein von 1527 findet. Der ehemalige Kapitelsaal der Kirche enthält die *Librije* (Bibliothek; 1561 bis 64) mit einer kostbaren Sammlung seltener Handschriften und Inkunabeln. Das *Stadhuis* (Rathaus) von 1450 und die *Vleeshal* (Fleischhalle) von

1430 mit dem gotischen Empfangssaal der Stadt liegen am gleichen Platz. Mehrere hübsche Giebelhäuser, unter ihnen das *Stadswijnhuis* (Stadtweinhaus), finden wir am *Groenmarkt*. Der *Wijnhuistoren* (Weinhausturm) hat ein schönes Glockenspiel.

Etwa 2 km östlich von *Zutphen* liegt das sehr schöne Barockschloß *De Voorst* (Autobusverbindung).

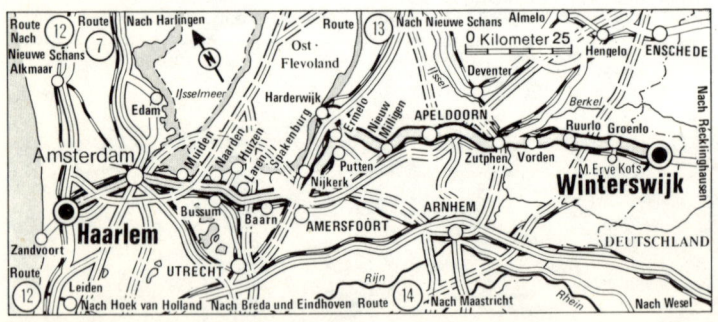 Apeldoorn; Deventer; Hengelo; Winterswijk; Arnhem.

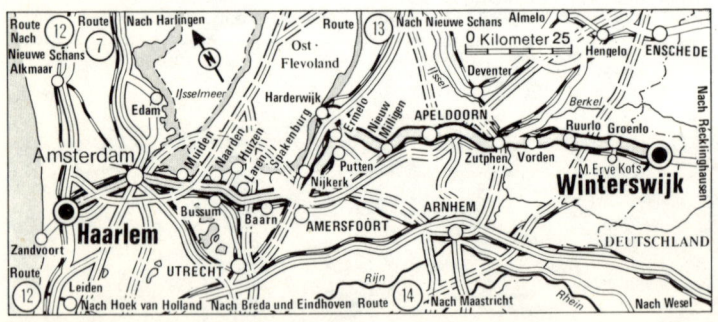 Zahlreiche Linien, u. a. Apeldoorn und Gorssel—Deventer.

 ,,'s Gravenhof", Kuiperstraat 11.

 ,,Spaan", Nieuwstad 56—58.

 Gorssel, Dortherweg 34.

 Warnsveld, Warkenseweg 5—7.

Verkehrsverein: Stationsplein 59.

Wir überqueren die *Ijsselbrücke* und fahren auf der Straße *N 94* nach *Apeldoorn*, 63 km (siehe S. 36), das wir in westlicher Richtung auf der Straße *E 8* wieder verlassen. Unser Weg führt durch die hügelige Wald- und Heidelandschaft der *Veluwe*. In *Nieuw-Milligen* wenden wir uns nach rechts, passieren den schönen Heidesee *Uddeler Meer* und erreichen

Harderwijk (27 000 Einw.), 97 km, einen Hafen- und Badeort am *Ijsselmeer*. Früher besaß die Stadt eine Universität, auf der auch der schwedische Botaniker *Linné* studierte. Die Kirche stammt aus dem 15. Jh. Hauptanziehungspunkte sind Badestrand und das große überdachte Delphinarium.

Gegenüber von Harderwijk, auf dem neuen Polder *Ostflevoland*, sind die Kultivierungsarbeiten in vollem Gang.

An seiner Südostküste sollte man den *Flevohof* besuchen, ein sehr beliebtes Ausflugsziel.

🚢 Amersfoort; Zwolle.

🚌 Amersfoort; Lelystadt; Zwolle; Apeldoorn; Arnhem.

🏨 „Baars", Smeepoortstraat 52; „Monopole", Buiten de Bruggepoort 3—7; „De Stadsdennen", Leuvenumseweg 7.

🍴 „Marktzicht", Markt 6; „Teopi", Bruggestraat 14; „Oranje Nassau", Smeepoortstraat 42.

⚓ 5 Plätze. – 2 Yachthäfen.

Verkehrsverein: Strandboulevard.

Auf der Straße *E 35* fahren wir über *Putten*, eine beliebte Sommerfrische in waldreicher Umgebung, bis *Nijkerk*, das ein besonders melodiöses Glockenspiel besitzt. Hier biegen wir ab nach *Bunschoten* und *Spakenburg*, zwei einsam gelegenen Dörfern am Rande des *Ijsselmeeres*. Gerade wegen dieser abgeschiedenen Lage haben sich hier die alten Volkstrachten unverfälscht erhalten. Bei *Baarn*, in dessen Bereich auch das *Königliche Palais* (siehe S. 37) liegt, stoßen wir wieder auf die Straße *E 35*.

Weiter geht es nach *Laren*, einer hübschen Stadt im *Gooiland*, in der sich viele Künstler niedergelassen haben.

Im *Singermuseum, Oude Drift 1*, finden wir Gemälde aus dem 19. Jahrhundert und Plastiken. Der *Kunstzaal Hamdorff* bringt wechselnde Ausstellungen.

Unser nächstes Ziel ist

Bussum, ein hübscher Wohnvorort von *Amsterdam*. Interessant sind hier zwei schöne moderne Kirchen — die große Kuppel der katholischen Kirche wurde von *J. Th. J. Cuypers* geschaffen — und zwei Fernsehstudios.
In der *Prinses Irenelaan 14* ist ein Gartenbaubetrieb (Obst- und Rosenkulturen) zu besichtigen.

🏨 De Gooische Boer, Amersfortsestraatweg 43; „Cecil", Brinklaan 25; „Jan Tabak", Amersfoortsestraatweg 27.

Direkt in der Nachbarschaft von *Bussum* liegt

Naarden (17 000 Einw.), 149 km, eine 1350 gegründete Festungsstadt, deren sternförmige Festungsanlagen aus den Jahren 1575—85 sehr gut erhalten

sind. Das Festungsmuseum enthält eine interessante Sammlung von Waffen und Uniformen, historischen Stichen und Dokumenten.

Das Städtchen hat noch viele alte Gebäude, darunter die *Grote Kerk*, die zwischen 1380 und 1440 erbaut wurde und ein bemaltes Gewölbe und alte Skulpturen besitzt (am Karfreitag wird hier in jedem Jahr Bachs „Matthäus-

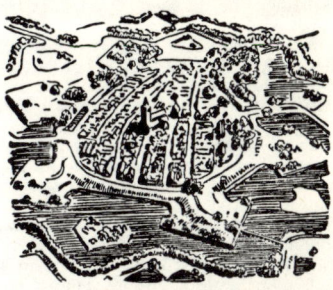

Naarden

passion" aufgeführt). Der Kirche gegenüber liegt das *Rathaus* (1601), ein schönes Beispiel niederländischer Renaissance-Baukunst (*Besichtigung möglich*). In der *Comenius-Kapelle* befindet sich das Grab des böhmischen Predigers und Pädagogen *Komenský* (Comenius). In der *Turfpoortstraat 27* ist ein *Comenius-Museum*.

🚌 Amsterdam; Arnhem; Apeldoorn.

🍴 „Motel Naarden", Amersfoortse Straatweg 92; „De Doelen", Marktstraat 7.

Ein kurzer Abstecher führt nach *Huizen*, einem malerischen Fischerdorf, das auch wegen seiner alten Volkstrachten gern besucht wird.

Auf der Straße *E 35* fahren wir weiter in Richtung Amsterdam. Nach etwa 10 km erblicken wir rechts das *Muiderslot* (Muider Schloß). 1280 erbaut, beherbergte es 1609—47 den Dichterkreis (*Muider Kring*) um *P. C. Hooft* (1581—1647), dem Hauptvertreter der niederländischen Renaissancedichtung. Das kostbare Mobiliar stammt aus dieser Zeit.

Die Straße *E 35* kreuzt nun den *Amsterdam-Rhein-Kanal* und endet in *Amsterdam*, 171 km (siehe S. 18). In westlicher Richtung fahren wir dann weiter nach

Haarlem, 190 km, siehe Seite 28.

Route 4: Elten — Arnhem — Zwolle — Harlingen (213 km)

Vom Grenzübergang *Elten/Beek* aus benutzen wir die Autobahn *E 36* und biegen hinter der *Ijssel* nach

Arnhem (135 000 Einw.), 20 km, ab. Diese schöne Hauptstadt der Provinz *Gelderland* wurde 893 erstmalig erwähnt und hat seit 1233 Stadtrechte. Im Zweiten Weltkrieg erlitt sie schwere Schäden, die zu einem großen Teil jedoch wieder behoben sind.

Unser Weg führt vom Bahnhof aus über den *Nieuwe Plein*, durch die *Oeverstraat* und die *Kleine Oord* zum *Kerkplein*. Hier stehen die *Grote Kerk* (1452), die 1961—63 wiederaufgebaut wurde, daneben das *Waaggebouw* (Waage) aus dem Jahre 1768 und hinter dem Chor der Kirche das *Duivelshuis* (wegen seiner Skulpturen im Volksmund „Teufelshaus" genannt), ein etwa 1545 vom Feldherrn *Maarten van Rossum* errichtetes Renaissancegebäude (heute Rathaus). Südlich davon, am *Markt*, liegen das 1954 erbaute *Provinciehuis* (Provinzhaus) und die *Sabelspoort* von 1440. Vor der Brücke über den *Nederrijn* steht ein Denkmal der britischen Fallschirmdivision „Airborne", links davon die *St. Walburgskerk*. Diese älteste Kirche der Stadt (14. Jh.) wurde 1945 wiederaufgebaut. Über die Promenade, am Konzertsaal *Musis Sacrum* vorbei, gehen wir zum *Velper Plein*. Von hier aus kommt man mit dem Autobus (Richtung *Oosterbeek*) zum *Gemeentemuseum* (Stadtmuseum), *Utrechtseweg* 87.

Ausflüge:

1. Am *Sonsbeekpark* vorüber zum *Nederlands Openluchtmuseum* (Freiluftmuseum). Dieses volkskundliche Museum enthält Häuser, Mühlen, Brükken und Trachten aus allen Landesteilen (siehe auch S. 11).

2. Mit Autobuslinie 3 in Richtung *Alteveer* zum „Burger's Safaripark" (ganzjährig geöffnet).

3. Im Sommer mit dem Autobus zum *Kröller-Müller-Museum* im *Nationalpark De Hoge Veluwe* (siehe auch S. 11). Diese Fahrt ist besonders in der Zeit der Heideblüte zu empfehlen.

4. Im Frühjahr zur Obstbaumblüte in die *Betuwe* über *Elst* nach *Tiel*.

5. Mit dem Schiff ab *Rijnkade* zum Ausflugsort *Westerbouwing*.

🚢 Zutphen; Winterswijk; Oberhausen; Nijmegen; Dordrecht; Utrecht; Amersfoort.

🚌 Viele Linien in die Provinz.

🚲 Rhenen; Doetinchem; Emmerich.

🏨 „Rijnhotel", Onderlangs 10.

🏨 „Groot Warnsborn", Bakenbergseweg 277; „Haarhuis", Stationsplein 1; „Twente", Stationsplein 44—46.

△ Diepenbrocklaan 27.

© „Kampeercentrum Arnhem".

Verkehrsverein: Stationsplein 45.

Weiter geht es auf der Straße *N 93* am Ostrand der *Veluwe* entlang nach *Apeldoorn*, 45 km (siehe S. 36), *Vaassen*, mit *Schloß Cannenburgh* (14./16. Jh.), und *Zwolle*, 85 km (siehe S. 34). In westlicher Richtung fahren wir auf der Straße *N 91* nach

Kampen (30000 Einw.), 99 km. Diese alte Stadt liegt malerisch an der *Ijssel* und besitzt außer drei Stadttoren (15./17. Jh.) manch interessantes Gebäude, so das *Alte Rathaus* (14./16. Jh.), an dessen schöner Westseite sechs Statuen unter einem Baldachin stehen, die gotischen Kirchen *Bovenkerk* (14./15. Jh.) mit mächtiger Orgel und *Buitenkerk* (14. Jh.) sowie eine Anzahl alter Giebelhäuser. — ⚓.

🚢 Zwolle.

🚌 Emmeloord; Dronten.

Kampen: Cellespoort

40

Die Straße *N 91* führt weiter zum *Nordostpolder*, der seit 1942 trocken ist. In der Kirche von *Middelbuurt*, auf der ehemaligen Insel *Schokland*, sind Funde aus der früheren *Zuiderzee* ausgestellt. In der Mitte des Polders liegt die neue Stadt *Emmeloord*, deren Aussichtsturm einen Blick über den ganzen Polder erlaubt.

Von hier aus ist ein Ausflug zum Fischerdorf *Urk* (früher Insel) möglich, wo man in den malerischen Straßen noch alte Volkstrachten sieht.

Wir verlassen den Polder und erreichen auf der Straße *N 91* das stille Hafenstädchen *Lemmer*. Von dort aus fahren wir durch das reizvolle *Gaasterland* zunächst zum alten Zuiderseestädchen *Staveren* (im Sommer Schiffsverbindung über das *Ijsselmeer* nach *Enkhuizen*) und dann am Seedeich entlang nach

Hindeloopen, 177 km, einer der elf alten friesischen Städte. Der heute sehr stille Ort bietet neben einigen älteren Gebäuden im ehemaligen *Rathaus* das *Museum Hidde-Nijland-Stichting* mit prächtig bemalten Hindlooper Möbeln, Hausrat und Volkstrachten.

Über *Workum*, wo wir einen schönen Blick auf Rathaus, Waage und Kirche haben, fahren wir weiter nach

Makkum, 196 km, dem friesischen Gegenpol zu *Delft*. Das Makkumer Porzellan mag im Dekor etwas rustikaler wirken als das Delfter Blau, ist jedoch sehr schön. Eine Auslese davon finden wir im *Aardewerkmuseum De Waag*. An den Arbeitstagen kann man auch die Manufaktur besichtigen. An älteren Gebäuden bietet Makkum die 1698 erbaute Waage und einige Giebelhäuser.

Am Beginn des großen *Abschlußdammes* (siehe S. 47), etwa 7 km nördlich von Makkum, biegen wir nach

Harlingen (14 000 Einw.), 213 km, ab, einer wichtigen friesischen Hafenstadt. Sehenswert sind das *Rathaus* (1733), das heimatkundliche Museum im *Hannemahuis* und zahlreiche alte Häuser mit hübschen Fassaden.

🏨 „Central", Brouwersstraat 12.

Von Harlingen aus besteht Fährverbindung zu den Inseln *Terschelling* (schöne Strände und herrliche Wälder; ⚠ und *Vlieland.* — ⚠. In der Saison verkehrt ein durchgehender Bäderzug zwischen *Arnhem* und *Harlingen*.

Verkehrsvereine: *Terschelling*, Hoofdweg 1, Midsland; *Harlingen*, Voorstraat.

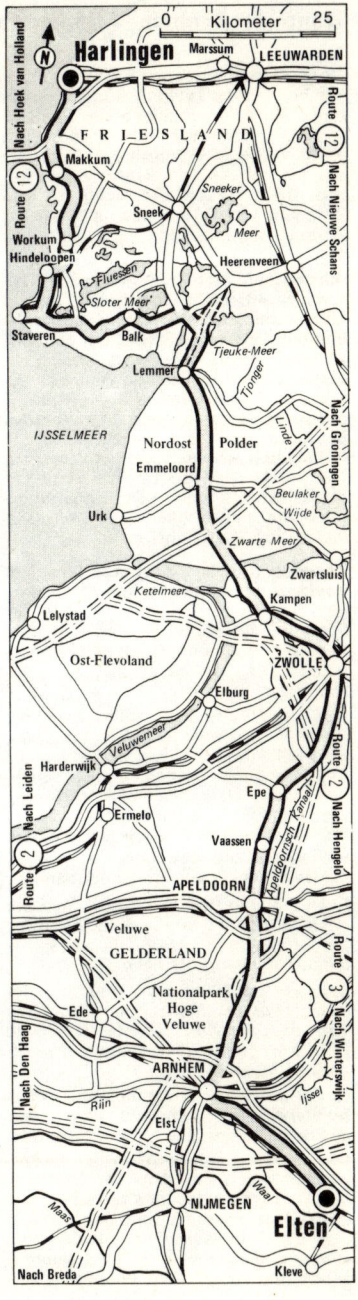

Route 5: Arnhem — Amsterdam — Den Helder (199 km)

Vom Grenzübergang *Elten* benutzen wir bis *Arnhem* (siehe S. 40), die Autobahn *E 36*, durchqueren die Stadt in westlicher Richtung und erreichen nach 9 km wieder die Autobahn *E 36*, der wir bis zur Abfahrt *Maarsbergen* folgen. Hier biegen wir rechts ab und kommen nach 13 km nach *Amersfoort*, 70 km (siehe S. 36).

Dann geht es auf der in Route 2 beschriebenen Strecke weiter nach *Hilversum*, 88 km (siehe S. 37), dessen Umgebung, das *Gooiland*, landschaftlich sehr reizvoll ist. Nördlich von *Hilversum* liegt die Villenstadt *Bussum*, an die sich die alte Festung *Naarden* anschließt. Diese Orte sind in Route 3 auf Seite 39 beschrieben. Ab *Naarden* benutzen wir dann die Straße *E 35* (siehe auch Route 3) nach *Amsterdam*, 119 km (s. S. 18). Am Westrand der Stadt benutzt man den Kanaltunnel oder die Fähre über den *Noordzeekanaal* zur Weiterfahrt nach

Zaandam (60 000 Einw.), 129 km, dem Zentrum des mühlenreichen Zaangebietes. Die größte Sehenswürdigkeit der Stadt ist die Hütte, in der 1697 *Zar Peter der Große* wohnte, als er unter dem Namen *Peter Michailow* hier auf einer Schiffswerft arbeitete.

Auf der Weiterfahrt sollte man bei *Zaandijk* die *Zaansche Schans* besuchen, ein Freilichtmuseum mit den früher für das Zaangebiet typischen grün angestrichenen Häuschen und mehreren noch in Betrieb befindlichen Windmühlen. — *Koog aan de Zaan* hat in einem schönen Kaufmannshaus von 1760, *Museumlaan 18*, ein Mühlenmuseum.

Etwa 13 km westlich von *Zaandam* erreichen wir die Straße *N 99*. Sie führt am *Alkmaarder Meer* (Wassersportmöglichkeit) vorüber nach

Alkmaar (60 500 Einw.), 157 km, der bedeutendsten Stadt im nördlichen Teil der Provinz *Noordholland*. Sie liegt am 1819—25 gebauten *Noordholland-Kanaal*.

In der gotischen *Grote Kerk* (*St. Laurenskerk*) finden wir u. a. eine Orgel aus dem Anfang des 16. Jahrhunderts.

Das *Stadhuis* (Rathaus) in der *Langestraat* stammt aus dem 16. Jahrhundert und ist ein schöner gotischer Bau mit langer Fassade. Interessant darin sind die *Polderkamer* und das *Nierop-Zimmer*, das eine Sammlung chinesischen und japanischen Porzellans enthält. Im ehemaligen *Schützenhaus* (1561), in der „Doelenstraat", ist das Stadtmuseum (*Stedelijk Museum*), mit Gemälden, Stichen, Münzen und Büchern aus der Stadtgeschichte sowie einer Sammlung alter Kinderspielsachen untergebracht. Am *Appelsteeg 2* steht das *Huis met de Kogel* (Haus mit der Kugel). In seinem Giebel steckt eine Kanonenkugel von 1573.

Das bekannteste Gebäude der Stadt ist die „Waage" (*Waag*), eine ehemalige Kapelle aus dem 14. Jahrhundert. Ihr Turm wurde 1595—1599 erbaut. Der Turm des Waageamtes wurde vor einigen Jahren restauriert. Vor der „Waage" wird Ende April bis Mitte September an jedem Freitag von 10—12 Uhr der Käsemarkt abgehalten. Dabei ziehen besonders die mit weißen Anzügen und bunten Strohhüten bekleideten Käseträger die Blicke der Besucher auf sich. Von Alkmaar aus lassen sich viele Ausflüge unternehmen, vor allem zu den zahlreichen Seebädern. In den *Kennemer Duinen* liegen *Wijk aan Zee, Castricum-Bakkum, Egmond-Binnen, Egmond aan de Hoef* und *Egmond aan Zee*. Weiter nördlich beginnt bei *Bergen aan Zee* das schönste Dünengebiet Hollands. Es hat prächtige Wälder und erstreckt sich über *Bergen-Binnen* und *Schoorl* bis nach *Groet-Camperduin*. *Bergen aan Zee* besitzt ein reichhaltiges Seeaquarium. *Bergen-Binnen* hat eine schöne Kirche (15. Jh.) und ein Heimatmuseum. — Im Frühjahr blühen auf den Feldern zwischen *Castricum* und *Egmond aan de Hoef* vor allem Tulpen und Hyazinthen. In *Limmen* gibt es sogar einen Tulpenmuseum, den „Hortus Bulborum", *Schoolweg 9*. Schön ist auch ein Abstecher nach *Broek op Langedijk*, von wo aus man eine Bootsfahrt durch das fruchtbare Polderland machen kann. Schließlich lockt das *Alkmaarder Meer* mit seinen Wassersportmöglichkeiten.

🚢 Amsterdam; Haarlem; Den Helder; Hoorn—Enkhuizen.

🚌 Alle Seebäder in der Umgebung; Amsterdam; Haarlem; Leeuwarden (über den *Abschlußdeich*).

🏨 „Motel Alkmaar", Arcadialaan; „Victory", van den Boschstraat 3.

🏨 „De Nachtegaal", Langestraat 100. 🏠 „De Valkshoek", Houttil 5.
△ „Alkmaar", Bergerweg 201.
△ 1. *Schoorl* (10 km von *Alkmaar*), Klimweg 14. – 2. *Bakkum* (13 km von

42

Alkmaar), Herrenweg 84. – 3. *Heems-kerk* (südlich des *Alkmaarder Meeres*), Tolweg 9. – 4. *Egmond an de Hoef*, Heerenweg 118.

Die umliegenden Badeorte bieten gute Unterkunftsmöglichkeiten, u. a. auch die beliebten Sommerhäuschen.

Auskunft örtliche Verkehrsvereine.

Wir verlassen *Alkmaar* in Richtung *Den Helder*. Die Straße verläuft parallel zum *Noordholland-Kanaal*. Das Dü-

nengebiet mit den Seebädern *Petten*, *St. Maartenszee*, *Callantsoog* und *Julianadorp* bis hinauf nach *Den Helder* war ursprünglich eine Insel, die im Jahre 1477 durch den Bau der *Hondsbossche Zeewering*, eines mächtigen Damms, mit dem Festland verbunden wurde. Zwischen *St. Maartenszee* und *Callantsoog* liegt inmitten der Dünen das *Zwanenwater* (Schwanenwasser), ein Naturschutzgebiet mit den Brutplätzen vieler Wasservögel.

Etwa 24 km nördlich von *Alkmaar* können wir rechts nach *Schagen* abbiegen. Dieses Städtchen bietet einige schöne Giebelhäuser aus dem 17. Jahrhundert, ein Käsemuseum und an den Donnerstagen im Juli und August einen Trachtenmarkt. — Endpunkt unserer Route ist

Den Helder (60 000 Einw.), 199 km, das seit dem 17. Jahrhundert Flottenbasis ist. *Napoleon* befestigte die Stadt im Jahr 1811 und machte sie zu einem gegen England gerichteten „Gibraltar des Nordens". Im *Torentje* in der Hoofdgracht ist das *Marinemuseum* untergebracht. Die Besichtigung von im Hafen liegenden Kriegsschiffen ist nach Anmeldung beim Verkehrsverein möglich. Während der Saison viele Veranstaltungen, wie z. B. Fischereifestwoche, Fischfesttage, Flottentage der königlichen Marine. Im Frühling blühende Blumenfelder bei Julianadorp.

⛴ Amsterdam; Haarlem.

🏨 „Bakker", Spoorstraat 35; „Forest", Julianaplein 43; „Bellevue", Spoorstraat 11.

⛺ „Donkere Duinen", südwestlich u. a. Verkehrsverein: Julianaplein.

Von *Den Helder* aus verkehren zu jeder halben Stunde Fährschiffe nach

Texel, der größten holländischen Watteninsel (18 600 ha). Charakteristisch für sie sind die großen Schafherden und die in ihrem Nordteil lebenden über 125 Vogelarten. Es gibt in Europa sicher kaum einen zweiten Fleck, der mit *Texel* konkurrieren könnte, was Zahl, Verschiedenartigkeit und Schutz der Vögel betrifft. Hauptort ist *Den Burg* mit einer Kirche aus dem 16. Jahrhundert und einem einzigartigen vogelkundlichen Museum. In der Umgebung des Ortes *De Koog* gibt es bewaldete Dünen. Der alte Süddeich ist 6 m höher als die größten Flutwellen.

⚠ *Den Burg*, 2 Häuser. — ⛺ Mehrere Plätze. — Verkehrsverein: *Den Burg*, Groeneplaats 9.

Route 6: Arnhem — Utrecht — Den Haag (145 km)

Vom Grenzübergang *Elten* aus fahren wir auf der Autobahn *E 36* nach *Arnhem* (siehe S. 40), durchqueren die Stadt und wechseln dann aber auf die abwechslungsreichere Landstraße nach *Utrecht* über. Sie führt über *Oosterbeek*, mit Denkmal für die erste britische Luftlandedivision, und *Westerbouwing* (Ausflugsort) nach *Wageningen*. Die Landwirtschaftliche Hochschule dieses Ortes ist über die Grenzen des Landes hinaus bekannt. Besuchen sollte man auch die Botanischen Gärten.

Bei *Rhenen* führt eine Rheinbrücke in die *Betuwe*, eine Landschaft, die zur Zeit der Obstblüte ein lohnendes Ziel ist. Am Ortseingang sieht man das *Nationaldenkmal Grebbeberg* und den *Ouwehands Dierenpark* (Tierpark). In der Ortsmitte steht die alte Kirche *St. Cunera* (15. Jh.), mit reicher Innenausstattung (zwischen *Rhenen* und *Doorn*: Schloß *Amerongen*, 17. Jh.). In *Doorn* kann man das „Haus Doorn", eine ehemalige Wasserburg, besichtigen. Hier lebte der letzte deutsche Kaiser 1920—41 im Exil. Im Schloßpark steht ein Mausoleum.

Von *Doorn* aus sei ein Abstecher nach *Wijk bij Duurstede* empfohlen. Im alten Turm der Burg (15. Jh.), residierten einst *Philipp von Burgund* und die Bischöfe von Utrecht. Die jetzige Windmühle „Rijn en Lek" ist die Nachfolgerin der von *Ruisdael* gemalten „Mühle bei Wijk bei Duurstede". Am Ortsrand teilt sich der *Nederrijn* in *Lek* und *Kromme Rijn*. Dieser *Kromme Rijn* ist der Rest des ursprünglichen Rheinstromes, der an *Utrecht* und *Leiden* vorbeifloß und beim heutigen Seebad *Katwijk* in die Nordsee mündete. Westlich des Ortes liegen die großen Schleusen am *Amsterdam-Rhein-Kanal*. In der Umgebung des Ortes liegen viele Schlösser.

Durch eine schöne Landschaft fahren wir nun über *Driebergen*, *Zeist* und *De Bilt* (Königliches Meteorologisches Institut) nach

Utrecht (279 000 Einw.), 82 km, der Hauptstadt der gleichnamigen Provinz. Die Stadt hat ihren Ursprung in der Römerzeit. Im Mittelalter hatte sie als Sitz mächtiger Bischöfe große Bedeutung. 1579 wurde hier die „Utrechter Union" geschlossen, eine Vereinigung der „Nördlichen Provinzen" (Geldern, Ommelanden, Holland, Zeeland, Utrecht), aus der schließlich das Königreich der Niederlande hervorging. Heute ist Utrecht eine wichtige Industrie- und Messestadt, Eisenbahnknotenpunkt und Sitz einer 1636 gegründeten Universität.

Rundgang:

Vom *Hauptbahnhof* aus gehen wir über den *Stationsplein* und den *Leidseweg* zum Platz *Vredenburg*, der nach einer 1529 von *Karl V.* erbauten und 1577 von der Bevölkerung zerstörten Zwingburg benannt ist. Durch die *Lange Viestraat* und die *Lange Jansstraat* kommen wir dann zur ursprünglich romanischen *St. Janskerk* (11. Jh.). Ihr gotischer Chor stammt aus dem 16., ihre Barockfassade aus dem 17. Jh.

Durch die *Korte Jansstraat* und die *Domstraat* gelangen wir zum *Dom*. Dieser 1254 errichtete gotische Bau ist der Nachfolger eines früheren Domes von 1023. Sein 112 m hoher Glockenturm (älteste Glocke aus dem 16. Jahrhundert; Glockenspiel von 48 Glocken) bietet eine großartige Aussicht. Das Langhaus wurde 1674 durch einen Wirbelsturm zerstört; Turm und Chor wurden damals getrennt.

Neben dem Dom steht die *Universität*, mit schöner Renaissancefassade und elegantem Kreuzgang (14./15. Jh.). Östlich des Domes steht die zwischen 1048 und 1583 erbaute *St. Pieterskerk*, mit alten Wandmalereien und einer Krypta.

Durch die Straße *Achter St. Pieter* gehen wir weiter zum *Pausdam*. Hier steht eines der vielen prächtigen alten Häuser der Stadt, das 1520 für Papst *Hadrian VI.* errichtete Papsthaus

44

(*Paushuize*). Wir gehen an der *Nieuwe Gracht* entlang, dann durch die *Zuilen-straat* (schöne Fassaden) zur *Lange Nieuwstraat*. Hier finden wir im früheren St.-Katharinen-Kloster das *Museum für religiöse Kunst*. Am Ende der Lange Nieuwstraat biegen wir in die *Agnietenstraat* ein und kommen zum Zentralmuseum (*Centraalmuseum*) im ehemaligen Kloster der *hl. Agnes* (1420). Es umfaßt drei Einzelmuseen, das Städtische, das Erzbischöfliche und Archäologische Museum (siehe S. 11).

Entlang der *Oude Gracht* gehen wir zum Rathaus (*Stadhuis*; alter Ratskeller) und über den Platz *Vredenburg* zurück zum Hauptbahnhof.

Lohnend ist ein Ausflug zum *Schloß De Haar*, mit reicher Kunstsammlung.

🚆 Verbindung in alle Richtungen.

🚌 Viele Linien, u. a. Oudewater.

🏨 „Noord-Brabant", Vredenburg 3.

🏨 „Domhotel", Weststraat 2.

🏠 „Hes", Maliestraat 2.

⚠ Rhinauwenselaan 14, *Bunnik* bei Utrecht.

Verkehrsverein: Tunnelweg 3.

Von *Utrecht* aus benutzen wir zunächst die Autobahn *E 36* in Richtung *Rotterdam*, biegen jedoch an der Abfahrt *De Meern* nach Süden ab. Unsere Straße kreuzt die *Hollandsche Ijssel* und führt dann westlich an diesem Fluß entlang durch den Polder *Lopikerwaard*. An *Montfoort* vorüber gelangen wir nach

Oudewater (4500 Einw.), 104 km. Es ist eine der schönsten Städte in der Provinz *Zuidholland* (Südholland). Oudewater hat eine bewegte Vergangenheit und wurde zuletzt 1575 von spanischen Truppen fast ganz zerstört.

Das älteste Gebäude ist die *Kirche* (um 1300) am Hafen. Das 1588 erbaute Rathaus (*Stadhuis*) mutet wie ein kleines Museum an. Weithin bekannt ist die Hexenwaage (*Heksenwaag*) von 1595. Sogar aus Deutschland kamen der Zauberei verdächtige Personen hierher, um sich wiegen zu lassen. Bei normalem Gewicht (über 99 englische Pfund) erhielten sie eine Urkunde, die von jedem Verdacht freisprach. Eine Hexe muß sehr wenig wiegen, um auf einem zerbrechlichen Besenstiel reiten zu können. Solche Wiegeurkunden in altniederländischer Sprache gibt es auch heute noch als beliebtes Reiseandenken. Oudewater, der Geburtsort des Malers *Gerard David* (siehe S. 10), hat viele alte Giebelhäuser (16./17.Jh.) und hübsche Grachtenpartien.

Gouda (50 000 Einw.), 116 km, liegt westlich von *Oudewater* an der Mündung der *Gouwe* in die *Hollandsche Ijssel*. Hier wird im Sommer an jedem Donnerstagvormittag von 9 bis 10 Uhr der berühmte *Käsemarkt* abgehalten.

Am *Markt* stehen das prächtige *Stadhuis* (Rathaus) von 1450, mit einer Renaissance-Freitreppe, und die 1668 von *Pieter Post* erbaute *Waag* (Waage). Die riesige *St. Janskerk* hat 70 Fenster mit prachtvollen Glasmalereien (16./17.Jh.). Das Stadtmuseum (Altertümer) ist im *Catharina-Gasthuis* von 1665, *Oosthaven 10*, untergebracht. Interessant ist das Museum „*De Moriaan*" (Tonpfeifen, Keramik), *Westhaven 29* (siehe auch S.11). Nördlich der Stadt liegen die *Reeuwijksche Plassen*, ein Wassersportgebiet.

Verkehrsverein: Waaggebouw, Markt 36.

Auf der Autobahn *E 8* erreichen wir

Den Haag, 145 km, siehe Seite 21.

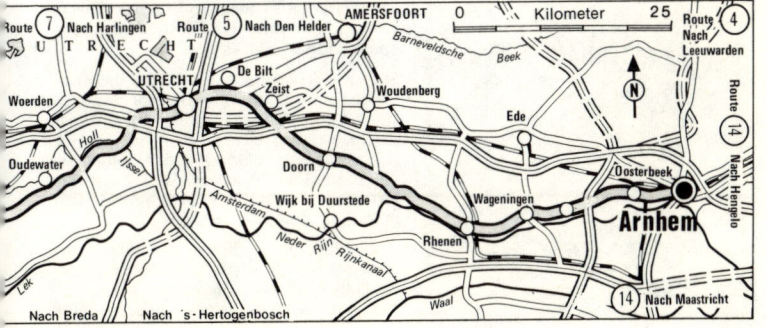

45

Route 7: Utrecht—Amsterdam—Hoorn—Harlingen (177 km)

Ab *Utrecht* (siehe S. 44) benutzen wir die Straße zwischen *Vecht* und *Amsterdam-Rhein-Kanal* bis *Loenen*, in der Nähe der *Loosdrechtsche Plassen* (siehe S. 37). 3 km weiter nördlich biegen wir links über den *Amsterdam-Rhein-Kanal* ab und folgen rechts der Autobahn *E 9* nach *Amsterdam*, 38 km.

In der Nähe des Hauptbahnhofs gelangen wir durch den *IJ-Tunnel* und fahren über *Broek in Waterland* (△) nach

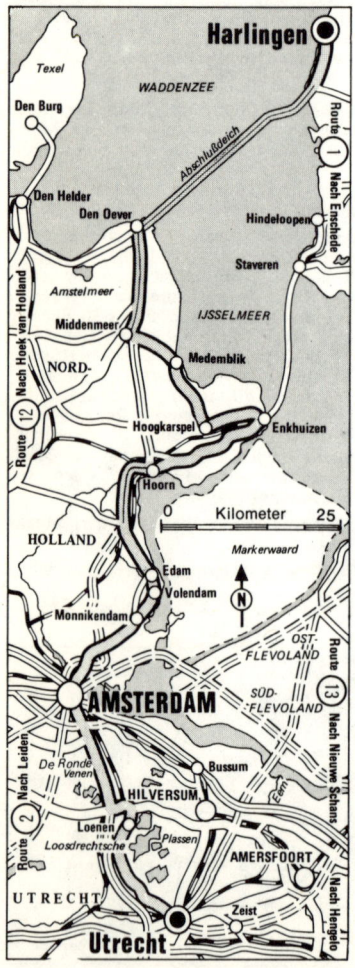

Monnikendam, 53 km, einem idyllischen Fischerort am *IJsselmeer.* Der Ort ist ein Wassersportzentrum und besitzt einen großen Jachthafen. Sehenswert sind das Innere der *Grote Kerk* (1420), mit hölzernem Taufkapellengitter von 1562, das *Rathaus* (1520), die ,,*Waage*" (um 1660) und der *Speeltoren* (Glockenturm). Der Ort hat zudem schöne alte Häuser und Brücken (©). Von hier aus machen wir eine Bootsfahrt nach

Marken, einer ehemaligen Insel, die wegen ihrer hübschen bemalten Holzhäuser und ihrer bunten Volkstracht bekannt wurde. Einige der mit altem Hausrat vollgepfropften Wohnungen kann man besichtigen. Marken ist neuerdings auch mit dem Auto erreichbar. Vom Festland aus wurde ein Damm hierher gebaut.

Volendam, 59 km, wird ebenfalls wegen seiner Volkstrachten und alten Bräuche gern besucht. Eine Sammlung von Gemälden und Zeichnungen von Volendam birgt Hotel ,,Spaander".

Edam (7000 Einw.), 62 km, ist durch einen 1 km langen Kanal mit dem *IJsselmeer* verbunden. Es hatte seine Blütezeit im 16. und 17. Jahrhundert. Damals gab es hier über 30 Schiffswerften. Edam wurde auch durch den runden roten Käse bekannt.

Die *Grote Kerk* stammt in ihrer heutigen Gestalt aus dem 15./16. Jahrhundert. Sie enthält schöne Glasmalereien. Das *Rathaus* (1737), mit Gemälden in der *Schepenkamer,* und das in einem gotischen Gebäude von 1540 untergebrachte *Museum,* mit Altertümern und Kuriositäten sowie seinem ,,*Drijvende Kelder*" (Schwimmender Keller), stehen am *Damplein.* Am Turm der abgerissenen Frauenkirche, dem *Speeltoren,* hängt eines der ältesten Glockenspiele (1562) Hollands.

Hoorn (20 000 Einw.), 80 km, die ehemalige, um 1300 gegründete Hauptstadt *Westfrieslands,* erreichen wir von *Edam* aus auf der *E 10.* Hier wurde *Willem Schouten* (1580—1625) geboren, der 1616 als erster die Südspitze Amerikas umsegelte und sie nach seiner Heimatstadt *Kap Hoorn* nannte.

Am Platz *Rode Steen,* auf dem von Juni bis September mittwochs der *Oudhollandse Markt* abgehalten wird, finden wir die 1609 erbaute *Waage.* Das

Enkhuizen: der Dromedaris

prächtige wappengeschmückte Giebel-
haus ihr gegenüber ist das *Westfriesi-
sche Museum* (Altertümer; Folklore).
Man betritt es durch ein kunstvoll ge-
schmiedetes Tor. Das *Rathaus*, mit
einem Giebel von 1613, enthält im
Ratssaal prächtige Möbel und Gemälde. Von den Kirchen verdienen die
spätgotische *Noorderkerk* (15. Jh.) und
die 1615 umgebaute *Oosterkerk* Beach-
tung. In der Stadt verstreut liegen viele
alte Giebelhäuser. Von der alten
Stadtbefestigung sind der *Hoofdtoren*
(16./17. Jh.) am malerischen Hafen, die
Oosterpoort (1578) und der *Kruistoren*
(1508) erhalten.

🚢 Amsterdam; Alkmaar; Enkhuizen.
Altertümliche Eisenbahnlinie Horn—
Medemblik (Touristenattraktion).

🚌 Edam; Medemblik u. a.

🏨 „De Keizerskroon", Breed 31—33.

🏨 „Petit Nord", Kleine Noord 55.

Verkehrsverein: Rodesteen 13.

Wir fahren jetzt parallel zur Küste in
östlicher Richtung weiter nach

Enkhuizen (13 000 Einw.), 99 km, der
früher bedeutendsten Handelsstadt an
der Zuiderzee. Hauptanziehungspunkt
ist das sehr reichhaltige *Zuiderzee-
museum* (siehe S. 11) im alten *Peperhuis*
(Pfefferhaus) der *Ostindischen Kompanie, Wierdijk 13.*

Die *Westerkerk* (15. Jh.) birgt u. a.
einen herrlichen holzgeschnitzten Lettner und eine Bibliothek aus dem 17.
Jahrhundert. Das *Rathaus* stammt aus
dem 17. Jahrhundert. Hinter dem Rathaus befindet sich im alten Stadt-
gefängnis ein *Waffenmuseum*. Am Hafen steht der *Dromedaris*, ein altes
Stadttor, von wo man einen weiten

Blick über das *IJsselmeer* hat. Besuchen
Sie auch den neuen Jachthafen und den
Enkhuizer Zand sowie den *Bunten
Mustergarten* mit 100 Blumensorten,
nahe dem Kuhtor.

🚢 Hoorn; Amsterdam; Alkmaar.

🚢 Nur im Sommer; Staveren (Friesland); Urk (Nordostpolder).

🏨 „Die Poort van Cleve", Dijk 74.
„Het Wapen van Enkhuizen", Breed-
str. 59.

🏠 „Du Passage", Paktuinen 8.

Verkehrsverein VVV: Waaggebouw.

⛺ „Enkh. Zand".

In westlicher Richtung fahren wir nun
durch große Blumenfelder (Samen-
zucht) bis *Hoogkarspel.* Hier biegen
wir nach Norden ab und erreichen

Medemblik (5000 Einw.), 117 km. Diese
Stadt soll schon im 4. Jahrhundert gegründet worden sein. Am Ortseingang
steht das 1965 restaurierte *Schloß Rad-
boud* von 1288. In der *St. Bonifatius-
kerk* (15./16. Jh.) findet man schöne
Glasmalereien. Im *Rathaus* werden
Handschriften von *Wilhelm von Oranien*, dem *Herzog von Alba* und *Johan
de Witt* aufbewahrt. Der *Zomerstal*
(Sommerstall) enthält eine Sammlung
von schönem Porzellan und Kuriositäten. Alte Giebelhäuser finden wir vor
allem in der *Nieuwstraat.* Im Norden
der Stadt steht am *Ijsselmeer* das große
Pumpwerk *Gemaal Lely.*

🚌 Hoorn; Schagen; Enkhuizen.

🏨 „Wapen van Medemblik", Ooster-
haven 1. — ©.

Über *Wieringerwerf* gelangen wir zum

Abschlußdeich (*Afsluitdijk*), der 1932
fertiggestellt wurde und seitdem die
Provinzen *Noordholland* und *Friesland*
verbindet. Am Deichbeginn steht links
ein Denkmal für den Schöpfer des
Zuiderzeeprojektes, *Dr. C. Lely*, der die
Durchführung seines grandiosen Planes
jedoch nicht mehr erlebt hat. Der
Deich ist etwa 30 km lang und trägt
die Straße *E 10* und einen Fahr-
radweg. Während man auf dem Deich
überall freien Blick auf das Ijsselmeer
hat, liegt zwischen Straße und Nordsee
die Deichkrone. Nach etwa 5 km erreichen wir einen Turm, der uns einen
weiten Blick über beide Wasserflächen
gestattet. Der Deich endet hinter einer
Drehbrücke und einer Schleuse an der
friesischen Küste. Geradeaus geht es
nach *Sneek*, 188 km, und links nach

Harlingen, 177 km, siehe Seite 41.

Route 8: Nijmegen — Rotterdam — Den Haag (146 km)

Nijmegen (150 000 Einw.) ist bereits sehr alt. Der Name dieser ehemaligen Hansestadt geht auf die römische Siedlung *Noviomagus* zurück. *Karl der Große* errichtete hier eine Pfalz; 1678 wurde hier der *Nijmeger Friede* unterzeichnet. Im Zweiten Weltkrieg erlitt die Stadt schwere Schäden, die jedoch beseitigt sind.

Unser Rundgang beginnt an der *Grote Kerk* (*St. Stevenskerk*), deren Bau 1254 begonnen und im 15. Jh. in gotischem Stil vollendet wurde. Von ihr aus führt ein Bogengang (*Kerkboog*) zum Markt, wo die *Waag* (Waage), ein Renaissancebau von 1612, steht. An der *Burchtstraat* liegt das Rathaus, dessen Renaissancefassade von 1554 mit den Statuen von um die Stadt verdienten Männern geschmückt ist.

Unser nächstes Ziel ist der *Valkhof*, wo *Karl der Große* um 770 eine Pfalz errichten ließ. Im 12. Jh. baute Kaiser Friedrich I. (Barbarossa) hier eine große Burg. Die karolingische Schloßkapelle, ein sechzehneckiger Backsteinbau, und die Barbarossaruine sind noch erhalten. Nicht weit davon steht der ehemalige Wachtturm *Belvedere*.

Das *Rijksmuseum G. M. Kam, Museum Kamstraat 45*, enthält eine große Sammlung vorgeschichtlicher und römischer Funde.

In *Groesbeek*, südöstlich von *Nijmegen*, gibt es eine Stiftung ,,Das Heilige Land" (*Heilig Land Stichting*), ein biblisches Freiluftmuseum. In *Berg en Dal*, 4 km von Nijmegen, ist ein interessantes *Afrikamuseum* mit Negerdorf und Tiergarten.

🚗 Arnhem; Kranenburg, Deutschland; Venlo; 's-Hertogenbosch; Dordrecht.

🚆 Viele Linien, u. a. Groesbeek.

🏨 ,,Métropole", Bisschop Hamerstraat 14. ,,Esplanade", Mathonsingel 14—16. ♨ ,,Oranjehotel", Molenstraat 99; ,,De Roemer", Hertogstraat 1; ,,De Buchpoort", Kelfkensbos 30.

△ *Ubbergen* (3 km von *Nijmegen*, Autobus Nr. 2), Rijksstraatweg 3. — ⛺.

Verkehrsverein VVV: Stationsplein 10.

Wir verlassen die Stadt über die imposante *Waalbrücke* auf der Autostraße *N 93* und biegen an der ersten Abfahrt auf den Waaldeich ab. Diese Deichstraße ist besonders im Frühjahr zu empfehlen, weil man dann rechts einen prächtigen Ausblick auf das Blütenmeer der *Betuwe* hat und links den regen Schiffsverkehr auf der *Waal* beobachten kann. Die *Betuwe* ist ein fruchtbares Gebiet zwischen den großen Rheinarmen. Bei *Ochten* verlassen wir den Deich und fahren auf der Straße *N 96* weiter. Diese führt an der *Prins Bernhardsluis* vorüber, der größten Binnenschleuse Europas. Durch sie mündet der *Amsterdam-Rhein-Kanal* in die *Waal*.

Kurz danach biegen wir nach *Tiel* ab, dem Mittelpunkt der *Betuwe*. In dieser früher sehr bedeutenden Handelsstadt befand sich der kaiserliche Zollhafen für den Warenverkehr zwischen England und dem Rheinland. Im September findet hier ein großer Obstkorso statt.

Über *Buren*, das ein prächtiges Waisenhaus von 1613, mehrere alte Gebäude und ein Kutschenmuseum besitzt, fahren wir nach *Geldermalsen* und folgen dann dem Flüßchen *Linge*, an dem zahlreiche malerische Orte liegen.

Im Städtchen *Leerdam* ist seit 1750

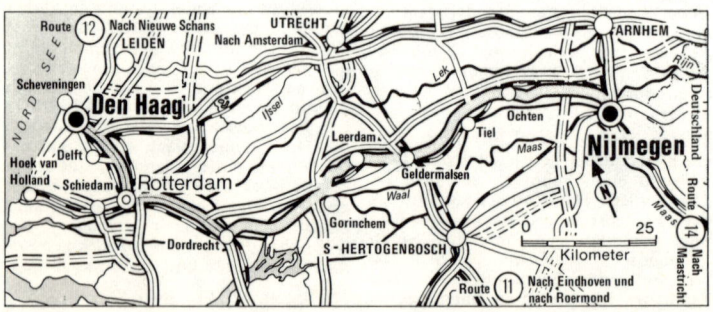

die Glasindustrie beheimatet. Hier finden wir im *Glasmuseum* prächtige Stücke aus alter und neuer Zeit. Sehenswert ist auch die *Regentenkamer* im *Hofje van Aerden*, mit einer Gemäldesammlung (u. a. *Frans Hals*).

Wir folgen weiterhin der *Linge* und erreichen an ihrer Mündung

Gorinchem (27 000 Einw.), 80 km. Gegenüber der Stadt steht im Mündungswinkel von *Waal* und *Maas* die *Burg Loevestein*, gegründet zwischen 1357 und 1368 von Ritter *Dirk Loef van Horne*. Sie diente viele Jahre als Gefängnis. Auch *Hugo Grotius* (*Hugo de Groot*) war hier eingekerkert (*Besichtigungen März—Oktober 9—18, in den übrigen Monaten 10—16 Uhr*). *Maas* und *Waal* tragen von hier ab den Namen *Merwede*. — Das *Museum* „*Dit is in Bethlehem*", *Gasthuisstraat 25*, enthält Sammlungen aus der Stadtgeschichte.

🚢 Leerdam — Tiel; Dordrecht.

🚌 Mehrere Linien, u. a. Leerdam.

🚢 Dordrecht — Rotterdam; Nijmegen.

Nördlich der Stadt erreichen wir die Straße *N 96*. Wir folgen ihr bis zur Abfahrt *Dordrecht* und benutzen dann die Brücke über die *Merwede* nach

Dordrecht (102 000 Einw.), 102 km, einer der ältesten Städte des Landes. Es liegt malerisch an nicht weniger als fünf Flüssen (*Merwede, Wantij, Kil, Oude Maas* und *Noord*). Die Rolle als führende Hafen- und Handelsstadt hat es an *Rotterdam* abgeben müssen.

Geblieben ist das prachtvolle Stadtbild. Den schönsten Ausblick hat man an der *Groothoofdspoort*, einem ehemaligen Stadttor aus dem Jahr 1618, wo täglich etwa 1500 Schiffe vorüberfahren. Dordrecht war die Heimat des Staatsmannes *Johan de Witt* und der Maler *Nicolaas Maes, Albert Cuyp* und *Ary Scheffer*. Das Denkmal der Brüder *de Witt* steht an der *Visbrug*. Im Jahr 1774 wurde hier die berühmte Zeichengenossenschaft *Pictura* gegründet.

Die hoch über die Stadt ragende gotische *Grote Kerk* ist durch Erweiterung einer 1280 erbauten Kapelle entstanden. Ihr unvollendeter 70 m hoher Turm ist leicht geneigt und bietet eine weite Aussicht (in der Saison Glockenspielkonzerte auf dem aus 48 Glocken zusammengesetzten Glockenspiel). In der Kirche sollte man sich das kostbare Chorgestühl von 1538 bis 1541, die Chorschranke, die Orgel und die Glasmalereien ansehen.

Das Museum „Mr. Simon van Gijn", mit kunstgewerblichen und stadtgeschichtlichen Gegenständen ist in einem alten Adelshof (1792), *Nieuwe Haven 29*, untergebracht.

Das *Dordrechts Museum, Museumstraat 42*, enthält Gemälde von Dor-

Die Grote Kerk in Dordrecht

drechter Künstlern des 17. bis 19. Jahrhunderts sowie des einheimischen Malers *Ary Scheffer* (1795—1858).

Das *Muntpoortje* (1555) gehörte früher zur Münzanstalt von Holland, die 1806 nach *Utrecht* verlegt wurde.

Lohnend ist ein Ausflug zum *Kinderdijk*, etwa 12 km nördlich der Stadt. Hier stehen 22 zwischen 1738 und 1740 erbaute Windmühlen eng beieinander. Früher dienten sie als Pumpwerke. Heute stehen sie unter Denkmalsschutz. An den Samstagnachmittagen im Juli und August (*Molendage*) werden sie wieder in Bewegung gesetzt. — Auch ein Ausflug zum *Biesbosch* (siehe S. 54) ist sehr zu empfehlen.

🚢 Rotterdam; Gorinchem; Breda; Roosendaal.

🚌 Viele Linien, u. a. Rotterdam.

🚢 Rotterdam; Biesbosch.

🏨 „Staatse Schans", Lange Tiendweg 2, Papendrecht.

🏨 „Ponsen", Stationsweg 7; „Bellevue", Boomstraat 37; „Statenhof", Steegoversloot 59; „Swindregt", Pieter Zeemanstr. 47, Zwijndrecht.

⛺ „Bruggehof", Willemsdorp.

⛺ „De Meerpaal", Noordendijk 382.

Verkehrsverein: Stationsweg 1.

Auf der Straße *E 10* fahren wir weiter über *Rotterdam*, 123 km (siehe S. 24), und *Delft*, 138 km (siehe S. 32), nach

Den Haag, 146 km, siehe Seite 21.

Route 9: Nijmegen — Tilburg — Breda — Zierikzee (164 km)

Von *Nijmegen* (siehe S. 48) fahren wir auf der Straße *N 93* nach Süden und erreichen hinter einer Maasbrücke das ehemalige Festungsstädtchen *Grave*. Hier sind die spätgotische *St. Elisabeth-kerk* (16. Jh.) und die *Hampoort* (1681) einen Besuch wert. Die *N 93* führt nach

'*s-Hertogenbosch: Kathedrale*

's-Hertogenbosch (85000 Einw.), 51 km, auch *Den Bosch* genannt. Diese Hauptstadt der Provinz *Noord-Brabant* entstand vermutlich im 12. Jahrhundert.

Ihre prachtvolle gotische Kathedrale (*St. Janskerk*) aus dem 15. Jahrhundert birgt reiche Schätze, u.a. einen Flügelaltar (15. Jh.), eine Kanzel (16. Jh.) mit prächtigem Schnitzwerk, einen zwölfarmigen Kupferleuchter (1418), das Taufbecken (1492), eine Orgel (17. Jh.) und wertvolle Gemälde.

Das ehemals gotische *Rathaus* wurde 1671 erneuert (klassizistischer Barock). Sehr schön sind die Eingangshalle, die Treppe und der Trausaal.

Besuchen sollte man auch das *Provinzhaus*, das eine umfangreiche Sammlung von Kunst der Gegenwart, u. a. Wandteppiche und Plastiken, beherbergt, und das *Noordbrabants Museum, Bethaniestraat 4*, mit Gemälden und Altertümern.

🚋 Utrecht; Nijmegen; Eindhoven; Tilburg — Roosendaal.

🚌 Nijmegen; Helmond; Eindhoven; Tilburg; Kaatsheuvel; Lage Zwaluwe.

🏨 „Central", Markt 51—57; „Euro-hotel", Hinthamerstraat 63.

🏨 „Royal", Visstraat 26—28.

🏠 „Terminus", Stationsplein 19. Verkehrsverein VVV: Markt 77.

Die Straße *N 93* berührt nun den hübschen Villenvorort *Vught* (△, ⚠).

Am *Ijzeren Man*, einem Waldsee bei *Vught*, ist ein beliebtes Erholungsgebiet. Nach etwa 11 km passiert man eine Abzweigung (links) nach

Oisterwijk (16 000 Einw.), einem ruhigen Ferienort in reizvoller bewaldeter Dünenlandschaft.

🏨 „De Rosep", Oirschotsebaan 15; „De Zwaan", de Lind 47; „Klein Speyk", Bosweg 154.

🏠 „Carlton", Gemullehoekenweg 93.

△ „De Reebok", „De Rosep" u. a. — △. Verkehrsverein: de Lind 57.

Die Straße *N 93* führt weiter nach

Tilburg (155000 Einw.), 75 km, einer lebhaften Industriestadt mit bedeutenden Wollstoffwebereien. Sehenswert sind die neugotische *Grote Kerk*, das ehemalige Schloß *König Wilhelms II.* (jetzt Rathaus), das Stadttheater und das moderne Bahnhofsgebäude.

🚋 Nijmegen; Venlo; Roosendaal u. a.

🚌 Kaatsheuvel; Oisterwijk u. a.

🏨 „De Postelse Hoeve", Dr. Deelenlaan 10.

In *Hilvarenbeek* (△) befindet sich ein Löwenpark. — Durch schöne Wälder führt unser Weg auf der *E 38* nach

Breda (125 000 Einw.), 97 km, einst Residenz der *Grafen von Nassau*.

Vom *Bahnhof* aus gehen wir durch die *Willemstraat* und den *Valkenbergpark* zur *Catharinastraat*. Hier steht der *Begijnhof* mit seinen hübschen alten Häuschen aus dem 17./18. Jh. Am Ende des *Kasteelplein*, mit Denkmal *Wilhelms III.*, steht das *Gouverneurshuis* (1606) mit völkerkundlichem *Museum*.

Über den früheren Wallgraben gehen wir zum *Schloß* (um 1540), in dem seit 1828 die *Königliche Militärakademie* untergebracht ist (*Besichtigung über VVV Breda möglich*).

Nun gehen wir über den *Kasteelplein* zurück und kommen zur *Grote Kerk* (*Onze Lieve Vrouwekerk*). Sie wurde im 15. Jahrhundert erbaut und ist ein gutes Beispiel für den gotischen Stil in *Brabant*. Sie enthält u. a. das berühmte Grabmal (1535) des Grafen *Engelbrecht II. von Nassau*. Am *Grote Markt* stehen das 1766 erbaute *Stadhuis* (Rathaus), mit schöner Rokokohalle, und die *Vleeshal* (Fleischhalle) mit einer Fassade von 1772.

Etwa 14 km südlich von *Breda* liegt an der Straße nach *Antwerpen* das Dorf *Zundert*, in dem 1853 der Maler *Vincent van Gogh* geboren wurde. Vor der Kirche steht ein Bronzedenkmal der

Brüder *Vincent* und *Theo van Gogh* (von *Ossip Zadkine*). — Am ersten Septembersonntag großer Blumenkorso.

🚢 Rotterdam; Antwerpen; Nijmegen; Venlo; Roosendaal—Vlissingen.

🚂 Tilburg; Chaam; Zundert; Roosendaal; Steenbergen—Zierikzee.

🏨 „Motel Breda", „Motel Brabant".

🏨 „Cosmopolite", „Oranje Hotel", „Wapen van Nassau".

🏠 „Van Ham", „Het Roode Hert".

⛺ *Chaam*, „Putven". — 🍴 „Flaasbloem" Cham, „Katjeskelder" Oosterholt.

Verkehrsverein VVV: Willemstraat 17.

Weiter geht es auf der Straße *N 97* bis *Etten*, wo wir rechts nach *Oudenbosch* abbiegen. Hier hat man versucht, die Stilelemente der Kirchen *St. Peter* und *St. Johannes vom Lateran* in *Rom* in einem Bauwerk zu vereinigen. Über *Steenbergen* fahren wir zur Westküste von *St. Philippsland*, wo wir dann die Autofähre nach *Zijpe* auf der Insel *Schouwen-Duiveland* benutzen. Nördlich von Zijpe, bei *Bruinisse*, beginnt der im Rahmen des *Deltaplanes* (siehe S. 7) erbaute *Grevelingendamm*. Von Zijpe in westlicher Richtung nach

Zierikzee (8000 Einw.), 164 km, der Inselhauptstadt, die im 14. und 16. Jh. Blüteperioden erlebte.

Überragt wird die Stadt vom wuchtigen 56 m hohen *St. Lievensmonstertoren* (Liebfrauenkirchturm) aus dem 15. Jahrhundert. Er sollte 207 m hoch werden, blieb jedoch unvollendet. Die zu ihm gehörende Kirche wurde 1832 durch einen Brand zerstört. Das *Stadhuis* (Rathaus) aus dem 14. Jahrhundert hat einen hölzernen Turm mit einer Neptunsstatue und enthält ein Museum (Funde, Schiffsmodelle, Karten, Stiche und Folklore). Eine Kunstsammlung finden wir in der *Regentenkamer* im

Weeshuis (Waisenhaus). Baulich interessant ist die *Gasthuiskerk* (14. Jh.), eine Kombination von Kirche und Markthalle. Das ehemalige Gefängnis *Gravensteen* (1358) beherbergt heute ein Restaurant. Sehenswert sind auch die alten Stadttore aus dem 14./15. Jahr-

Zierikzee: Zuidhavenpoort

hundert, die *Noordhavenpoort, Zuidhavenpoort* und *Nobelpoort*, die man über hübsche Zugbrücken erreicht.

🚂 Rotterdam (über *Grevelingendamm, Volkerakdamm* und *Haringvlietbrücke*); Goes (über *Zeelandbrücke* und *Zandkreekdamm*); Roosendaal (über die Fähre bei *Zijpe*); Inselorte.

🏨 „Mondragon", Havenpark 21.

⚓ „Concordia", Appelmarkt 13; „Van Oppen", Verre Nieuwstraat 11. — ©.

Verkehrsverein: Visstraat 17.

Von *Zierikzee* aus sind alle Inselorte gut erreichbar. Die beliebten Badeorte *Renesse* und *Burgh-Haamstede* liegen im Westteil der Insel am Rande bewaldeter Dünen. Das Städtchen *Brouwershaven* besitzt im schönen Rathaus von 1599 eine Gedenkstätte an den Dichter *Jacob Cats*, sowie eine prächtige alte Kirche (14. Jh.). Reizvoll sind auch Schiffstouren in das Deltagebiet und nach *Veere* (siehe S. 61).

Route 10: Venlo — Tilburg — Breda — Vlissingen (226 km)

Venlo (64 000 Einw.) liegt auf dem rechten Maasufer. Die ehemals stark befestigte Stadt gehörte im Mittelalter der Hanse an. Heute ist Venlo eine wohlhabende Handelsstadt.

Die *St. Martinuskerk* stammt aus dem 13. Jahrhundert und hat einen wunderbaren Hochaltar mit holzgeschnitzter Altarwand von 1614. Der Kirche gegenüber steht ein Waisenhaus aus der Zeit der Renaissance. In der Nähe sind einige gut erhaltene alte Häuser. Das *Rathaus*, mit zwei verschieden hohen Türmen, ist aus dem Jahre 1597.

🚅 Arnhem; Deutschland; Roermond; Roosendaal; Rotterdam; Utrecht.

🚌 Nijmegen; Roermond; Krefeld u.a.

🏨 „De Bovenste Molen", Bovenste Molenweg 12. „Wilhelmina", Kaldenkerkerweg 1.

🏨 „Old Dutch", Markt.

🏨 „Stationshotel", Keulsepoort 16.

Verkehrsverein: Keulsepoort.

Von *Venlo* aus fahren wir direkt nördlich auf der *E 3* oder aber in westlicher Richtung durch das frühere Moorgebiet *De Peel* und gelangen über *Asten* (Glockengießerei) und *Helmond* (sehenswertes Rathaus, 1400) nach

Eindhoven (190 000 Einw.), 66 km. Heute eine lebendige Stadt mit vielen großen Industriebetrieben (u.a. Philips, DAF). Technische Hochschule. Modernes Stadttheater; großes Einkaufszentrum. Städtisches Van-Abbe-Museum (Kunst des 20. Jh.). Sehenswert: „Evoluon", Nordbrabantlaan 1a, (ständige Ausstellung „Mensch und Fortschritt"). Für einen Ausflug sei der *Eurostrand* (12 km südlich der Stadt) empfohlen.

🚅 Amsterdam — Venlo — Rotterdam — Den Haag — Maastricht.

🚌 Helmond; Antwerpen, Brüssel.

✈ Amsterdam, Enschede, Groningen, Maastricht; Brüssel.

🏨 „De Cocagne", Vestdijk 47.

🏨 „Tsilveren Seepaerd", Stationsplein 1.

Verkehrsverein VVV: Stationsplein 20.

Auf der *E 38* führt unser Weg weiter nach *Tilburg*, 98 km, und *Breda*, 120 km (siehe S. 50), und auf der *N 97* nach

Roosendaal (50 000 Einw.), 143 km, einem wichtigen Eisenbahnknotenpunkt. Das *Rathaus* (16. Jh.) enthält eine Sammlung alter Gemälde und heimatkundlicher Gegenstände.

🚅 Rotterdam; Nijmegen; Venlo; Belgien; Vlissingen.

🚌 Breda; Zierikzee u.a.

⛺ „Zonneland".

Verkehrsverein VVV: De Rozelaar 2.

Die Straße *N 97* führt weiter nach

Bergen op Zoom (40 000 Einw.), 155 km, das durch den *Zoom-Kanal* mit der *Oosterschelde* verbunden ist. Von den früheren Festungsanlagen der Stadt ist die schöne *Gevangenpoort* (15. Jh.) erhalten. In der Vorhalle des Rathauses: die Wappen der alten Geschlechter der Stadt.

Der ehemalige *Markiezenhof* (1500) ist heute Kaserne. Zu empfehlen ist ein Ausflug zur *Wouwse Plantage*, die prächtigen alten Baumbestand hat.

🚅 Roosendaal; Goes — Vlissingen.

🚌 Tholen; Antwerpen u.a.

△ Klaverveldenweg 25.

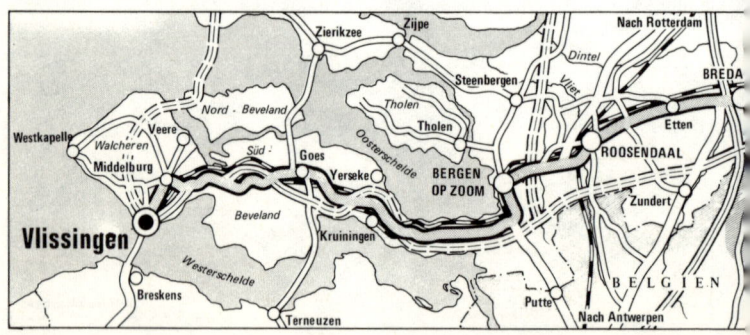

Die Straße N 97 verläuft nun zunächst in südlicher Richtung weiter, biegt jedoch nach etwa 6 km nach Westen ab und überquert die 1867 geschaffene Landverbindung zur Insel *Zuidbeveland*. Diese liegt langgestreckt zwischen *Ooster-* und *Westerschelde*. Ihr Boden ist sehr fruchtbar. Es gibt hier große Obst- und Gemüseplantagen und Gladiolenfelder. An der Küste werden Austern gezüchtet. Die wichtigste Stadt Zuidbevelands ist

Goes (26 000 Einw.), 196 km, das bereits im 8. Jahrhundert erwähnt wird. Es ist Marktzentrum für die Landwirtschaft und besitzt das größte Kühlhaus der Niederlande.

An Sehenswürdigkeiten bietet Goes die gotische *Maria-Magdalenakerk* (1423), mit schöner Innenausstattung, das *Rathaus* (15. Jh.), mit Grisaille-Malereien (Gemälde aus nur grauen Farbtönen) im barocken Ratssaal, die *Korenbeurs* (Kornbörse) von 1753 und das *Stadtmuseum*, das in einem Haus mit hübscher gotischer Fassade an der *Turfkade* untergebracht ist.

🚃 Roosendaal; Vlissingen.

🚌 Middelburg; Zierikzee u. a.

Die *N 97* führt weiter über den 1871 errichteten Damm durch den Meeresarm *Sloe* zur Halbinsel *Walcheren*. Auf ihr liegen die Badeorte *Vrouwenpolder, Oostkapelle, Domburg, Westkapelle, Zoutelande, Koudekerke* und *Vlissingen*. Auch auf *Walcheren* gibt es große Obst- und Gemüsekulturen. 1944 wurde die Insel durch Bombenangriffe der Alliierten auf die Seedeiche völlig überflutet. In der Mitte der Insel liegt

Middelburg (35 000 Einw.) 219 km, die Hauptstadt der Provinz *Zeeland*. Ihr gotisches *Rathaus* (1452–58), das zu den schönsten der Niederlande gehört, hat eine prächtige Fassade und birgt in seinem Innern kostbare Gobelins und Bilder. Vor dem Rathaus findet an jedem Donnerstag der Markt statt, zu dem die Frauen in ihren kostbaren Trachten kommen. Die 1103 gegründete *Abdij* (Abtei) brannte 1940 ab. In den wiederhergestellten Gebäuden befindet sich die Provinzialverwaltung. Die angrenzende *Nieuwe Kerk* (16. Jh.) enthält eine berühmte Orgel. Von ihrem achteckigen Turm „Lange Jan" (1713—18) kann man ganz Walcheren überblicken. Viele alte Gebäude, breite Kanäle und gepflegte Grünanlagen runden das Bild der Stadt ab.

🚃 Goes; Kamperland; Inselorte.

🚌 Goes; Kamperland; Inselorte.

✈ Flugplatz Arnemuiden. Auf Wunsch Anschluß nach Schiphol und Rijssel.

🏨 „Nieuwe Doelen", Loskade 3–7.

⚐ „De Middelburgse IJsclub".

Verkehrsverein: Lange Delft 23.

Am *Kanaal door Walcheren* entlang fahren wir nun weiter nach

Vlissingen (30 000 Einw.), 226 km, das gleichzeitig wichtige Hafenstadt und größter Badeort im Südwesten des Landes ist. Ansehen sollte man sich das *Rathaus* (1733), die 1635 erbaute *Beurs* (Börse), das *Stadtmuseum* am *Bellamypark* und das Denkmal des *Admirals de Ruyter*, der hier 1607 geboren wurde.

Eine Autofähre verbindet *Vlissingen* mit *Breskens*, von wo aus eine gute Straßenverbindung nach Belgien besteht.

🚃 Roosendaal. — 🚌 Middelburg.

🏨 „Noordzee-Boulevard", Boulevard de Ruyter 2.

🏨 „Royal", Badhuisstraat 116.

⚐ Breewaterstraat 14.

Verkehrsverein: P. Krügerstraat 21.

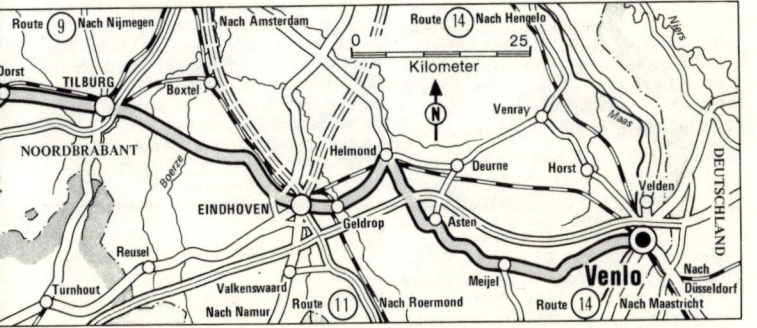

Route 11: Roermond — Tilburg — Gouda — Leiden (189 km)

Roermond (37000 Einw.), das am rechten Maasufer liegt, ist aus dem Raum *Köln—Düsseldorf* leicht zu erreichen. Ihre Blütezeit erlebte die Stadt im 14. Jahrhundert. Heute ist sie Marktort und Zentrum des Wassersportgebietes „Midden-Limburg".

Die spätromanische *Munsterkerk* (Münsterkirche) gehörte ehemals zu einem Kloster und wurde mehrmals umgebaut. Architektonisch am schönsten sind Apsis, Chor und Querschiff. Die ältesten Teile stammen aus dem Jahr 1224. In der *St. Christoffel-Kathedrale*, die durch Umbau einer um 1410 errichteten Kirche entstand, sollte man sich die Kanzel, die Beichtstühle und den Sakramentsaltar von 1593 ansehen. Schön ist der im klassischen Stil erbaute *Prinsenhof*, der heute als Altenheim dient. Im Städtischen Museum (*Gemeentelijk Museum*) finden wir u. a. Erinnerungsstücke an den großen Baumeister und Sohn dieser Stadt, *Pierre Cuypers* (1827—1921). Das *Rathaus*, mit einem Giebel aus dem Jahr 1700, wurde 1955 restauriert. Am Südrand der Stadt steht eine Wallfahrtskapelle mit dem Gnadenbild *Onze Lieve Vrouwe in 't Zand*.

Lohnend ist ein Abstecher nach *Thorn*, das außer seinen hübschen weißgekalkten Häusern aus dem 18. Jahrhundert eine sehenswerte *Stiftskirche* und eine Kunstgewerbeausstellung besitzt.

⛴ Venlo; Maastricht; Eindhoven.

🚃 Viele Linien, u. a. nach Köln und Mönchengladbach—Düsseldorf.

🏨 „Vincken", Stationsplein; „Cox", Maalbroek 102.

🏨 „Oranje", Stationsplein 13; „De Toerist", Schuitenberg 65.

⚠ *Beegden*, Kruisstraat 11.

⚠ In Asselt/Swalmen, Stevensweert, Herkenbosch, Heel, Reuver, Posterholt, Roggel und Wassersport-Camping „Hatenboer" (alle 1 bis 10 km entfernt). — Frei-SB, Hallen-SB.

Verkehrsverein VVV: Klosterwandstr.

Auf der *E 9* durchqueren wir *Weert*, das einige ältere Gebäude und ein interessantes *Straßenbahnmuseum* hat, und gelangen nach *Eindhoven*, 50 km (siehe S. 52). Auf der *E 38* geht es dann weiter nach *Tilburg*, 82 km (siehe S. 50). Von dort aus fahren wir in Richtung *Waalwijk* weiter. Nach etwa 12 km fährt man bei *Kaatsheuvel* ab nach

De Efteling, einem vielbesuchten Märchenpark. Der Park bietet außerdem herrliche Blumen- und Wasserpartien. Man kann baden und rudern. Der Park ist von Ostern bis zum ersten Sonntag im Oktober täglich von 10 bis 19 Uhr geöffnet.

Etwa 4 km entfernt liegt *Waalwijk*. Es hat eine schöne gotische Kirche und ein Schuh- und Ledermuseum. In westlicher Richtung geht es weiter nach

Geertruidenberg (5000 Einw.), 115 km, einer alten Festungsstadt am Maasarm *Bergsche Maas*. Neben dem Markt und vielen Giebelhäusern (17./18. Jh.) sind die Kirche (15. Jh.), das 1768 umgebaute Rathaus, die *Vishal* (Fischhalle) von 1772 und die *Hoofdwacht* (Hauptwache) von 1792 sehenswert. Die Kirche hat ein reiches Glockenspiel.

Sehr zu empfehlen ist ein Abstecher von 6 km nach *Drimmelen*, dem größten Jachthafen der Niederlande. Dort verkehren von Juni bis September Rundfahrtschiffe zum *Biesbosch*, einer unberührten, von unzähligen Wasserläufen durchzogenen Landschaft, die im 15. Jahrhundert durch eine Sturmflut entstand. Große Schilfflächen bieten Unterschlupf für die verschiedensten Wasservögel.

Von Geertruidenberg folgt man der E 37 in nördlicher Richtung bis *Gorinchem*, 130 km (siehe S. 49). Dann fährt man durch den Polder *Albasserwaard* und benutzt am Rheinarm *Lek* die Autofähre nach

Schoonhoven (9000 Einw.), 146 km. Diese Stadt liegt auf dem Nordufer des *Lek*, den wir auf einer Autofähre überqueren. Der Anlegestelle gegenüber steht die *Veerpoort* (Fährtor) von 1601. Am Hafen liegt die im Jahre 1617 erbaute *Waag* (Waage). Das kleine Rathaus (1452) ist spätgotisch, und die für den Ort reichlich große *St.-Bartholomäus Kirche* (1400) hat einen schiefen Turm. In Schoonhoven gibt es etwa 40 Gold- und Silberschmieden, deren prächtige Erzeugnisse man im *Zilverhof* (Haus des edlen Handwerks), *Haven 13*, und im *Silverhuys*, *Haven 1—5*, bewundern kann.

🚃 Gouda; Kinderdijk u. a.

⚠ t' Wilgerak.

Verkehrsverein: Waage; Lopikersstraat 59.

Von Schoonhoven aus fahren wir, abseits der Hauptstraße, an der malerischen *Vlist* entlang bis nach *Haastrecht*; von dort aus wenden wir uns nach Westen, durchqueren *Gouda*, 160 km (siehe S. 45), und fahren dann an der *Gouwe* entlang über *Waddinxveen* (bekannt durch Möbel- und Spielzeugfabriken) nach

Boskoop (13 000 Einw.), 168 km, einem Gartenbauzentrum, das durch die hier gezüchtete Apfelsorte „Schöner von Boskoop" bekannt wurde. Heute werden hier vor allem Ziergehölze, Rosen

und Azaleen gezüchtet. Der Versuchsgarten der Gartenbauschule ist zu besichtigen.

🛏 Gouda; Leiden.

🚂 Gouda; Alphen u. a.

⌂ „Florida", A. P. v. Neslaan 1; „Neuf", Barendstraat 10 (mitten in Blumenfeldern gelegen).

Wir folgen weiterhin der *Gouwe* nach

Alphen (40 000 Einw.), 174 km, einer langgestreckten Industriestadt am *Oude Rijn* (Alter Rhein). Anfang Mai findet auf dem Oude Rijn eine große Ruderregatta statt. Die Hauptattraktion ist jedoch der am Westrand der Stadt nach der Straße nach *Leiden* gelegene Vogelzoo *Avifauna*, in dem neben europäischen vor allem zahlreiche exotische Vogelarten leben, vom Kolibri bis zum Strauß. Die Avifauna hat herrliche Blumen- und Wasseranlagen und einen großen Kinderspielplatz. Abends ist die Anlage illuminiert. — Von *Avifauna* aus täglich Rundfahrten durch das umliegende Seengebiet.

Von *Amsterdam* (ab *Sloterkade*), *Den Haag* (ab *Slachthuiskade*) und *Leiden* (ab *Wilhelminabrug* und *Beestenmarkt*) verkehren Ausflugsschiffe zur Avifauna.

🛏 Utrecht; Gouda; Leiden.

🚂 Boskoop; Bodegraven; Leiden u. a.

⌂ „Markx" Julianastraat 33; „Toor", Stationsplein 2; „'s Molenaarsbrug".

Wir folgen jetzt dem *Oude Rijn* (Alter Rhein). Dieser Fluß ist der Rest des früheren Rheinstroms, der *Utrecht* und *Leiden* passierte und beim heutigen Seebad *Katwijk* in die Nordsee mündete. Heute fließen die Hauptwassermassen weiter südlich durch die *Waal* ab. An die alte Zeit erinnern noch viele Namen; so heißt die Umgebung von Leiden *Rijnland* (Rheinland). (Auch der Name *Rembrandt van Rijn* ist auf diese Weise zu erklären.) Die Straße, auf der wir fahren, heißt *Hoge Rijndijk*; sie führt nach

Leiden, 189 km, siehe Seite 30.

Westlich von Leiden liegen die Blumenstadt *Rijnsburg* (hier lebte Spinoza von 1660—1663, man hat ein kleines Museum eingerichtet) und die Seebäder *Katwijk aan Zee* und *Noordwijk aan Zee*. Nördlich der Stadt liegt das beliebte Wassersportzentrum *Warmond* am *Kagermeer* (siehe S. 31).

Route 12: Nieuwe Schans — Groningen — Alkmaar — Haarlem—Den Haag—Hoek van Holland (331 km)

Vom Grenzort *Nieuwe Schans* aus fahren wir auf der Straße E 35 nach Westen. Nach etwa 13 km führt unsere Straße nördlich am Städtchen *Winschoten* (schöne Backsteinkirche; 13. Jh.) vorüber. Bei *Heiligerlee* steht ein Denkmal, das an die Schlacht von 1568 während der Befreiungskriege gegen die Spanier erinnert. Bei *Scheemda* (⚠) kann man zum 20 km nördlicher gelegenen

Rathaus in Franeker

Delfzijl (23 000 Einw.) abbiegen. Diese Stadt an der Mündung des *Eems-Kanals* in die Ems hat den bedeutendsten Hafen im Norden des Landes und besitzt auch einen Jachthafen. Sehenswert ist das *Seefischaquarium*, u. a. enthält es ein einzigartiges Muschelkabinett.

🚢 Groningen. — 🚌 Winschoten.

🏨 „Pax", Landstraat 73, „Eemshotel", Kustweg 3.

⌂ „Kroonstad", Roggenkampweg 1.

⚠ Kustweg 9. — ⚠ Kustweg 13.

Bleiben wir auf der E 35, so kommen wir durch *Zuidbroek*, mit einer Backsteinkirche aus dem 13. Jahrhundert. Südlich der Straße liegt das von zahlreichen Kanälen durchzogene *Veengebiet*, eine ehemalige Moorlandschaft, die seit ihrer Trockenlegung landwirtschaftlich genutzt wird. Wir durchqueren *Groningen*, 51 km (siehe S. 27), und erreichen auf der Straße E 10 über *Leeuwarden*, 109 km (siehe S. 34, 35),

Franeker (10000 Einw.), 127 km. Napoleon I. löste 1810 die berühmte Universität dieses Ortes, die seit 1585 bestanden hatte, auf. Das um 1600 errichtete Rathaus zeigt Stilelemente aus Gotik und Renaissance.

Die *St. Maartenskerk* stammt von 1421. Im Chor der Kirche befinden sich bis 4 m lange Grabsteine (15./17. Jh.). Von ihrem Turm kann man weit über das Land blicken. Das kleine *Korendragershuisje* (Kornträgerhaus; 1634) hat eine besonders hübsche Fassade. Für Liebhaber interessant ist ein von E. Eisinga in seiner Wohnung erbautes *Planetarium* (18. Jh.). — ⚠.

Wir passieren *Harlingen*, 136 km (siehe S. 41), und fahren in südl. Richtung weiter. Nach etwa 10 km biegen wir auf den Abschlußdamm (siehe S. 7 und 47) ab und folgen der E 10 durch den Wieringermeerpolder bis *Middenmeer*. Ab hier die N 99. Sie führt durch einen 1631 durch Windmühlen trockengepumpten Polder (Gemüseanbau) über *Alkmaar*, 222 km (siehe S. 42). Südlich von Alkmaar liegt links das *Alkmaarder Meer*. Bei *Velsen* sehen wir rechts das niederländische Hüttenzentrum *Hoogovens*. Die N 99 führt nun durch den *Velser Tunnel* unter dem

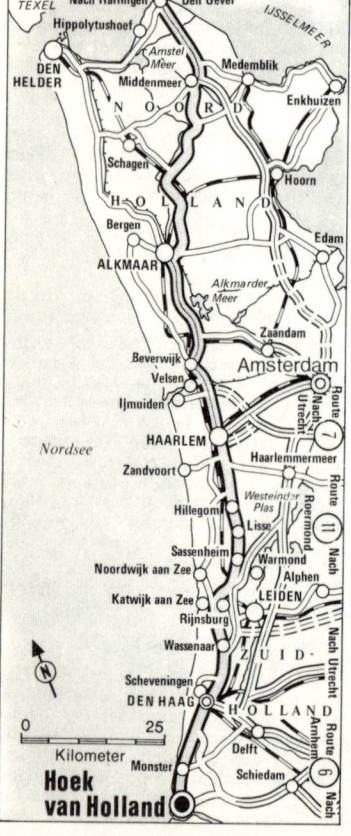

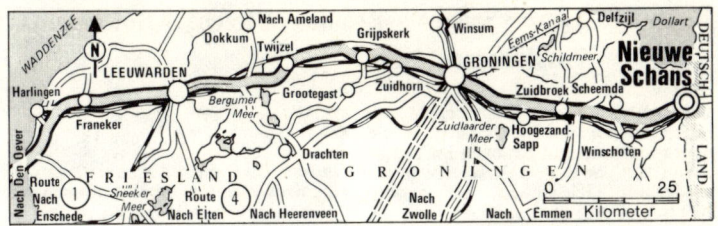

1876 vollendeten *Nordseekanal* hindurch. An der Ausfahrt kann man rechts zur Hafen- und Industriestadt *IJmuiden* abbiegen und sich dort eine der größten Seeschleusen der Welt ansehen. Hier werden die Hochseeschiffe von und nach *Amsterdam* durchgeschleust.

Die *N 99* führt dann geradeaus nach *Haarlem*, 251 km (siehe S. 28). Am Südrand der Stadt beginnt die berühmte *Bollenstreek*, ein Landstrich mit riesigen Zwiebelblumenplantagen. Die Hauptorte sind *Hillegom*, *Lisse* und *Sassenheim*. Hier blühen im Frühjahr ganze Felder voller Krokusse, Narzissen, Hyazinthen und Tulpen.

Vielbesuchter Mittelpunkt der Bollenstreek ist der zauberhafte Park *Keukenhof*, 2 km westlich *Lisse*. Hier sollte man auch die besonders schönen Tulpenzüchtungen in den Treibhäusern beachten. Das *Gut Keukenhof* gehörte der Wittelsbacherin *Jacobäa*, die im 15. Jahrhundert über Holland regierte.

Mehr von den Blumenfeldern sieht man auf einer Fahrt von *Haarlem* über *Noordwijkerhout* (⚐) oder auf der Nebenstraße von *Hillegom* nach *Lisse*. Die Bollenstreek erstreckt sich bis an den Stadtrand von *Leiden*, 281 km (siehe S. 30). Wir fahren nun in nordwestlicher Richtung nach *Rijnsburg* (siehe S. 31) und von hier aus in südlicher Richtung durch den Kasernenbereich des Marineflughafens *Valkenburg* durch

Wassenaar (28 000 Einw.), 294 km, dessen Dorfkern aus dem 10. Jahrhundert heute von großzügigen Wohnvierteln mit prächtigen Villen umgeben ist. Wassenaar liegt nicht unmittelbar an der Küste, hat jedoch am *Wassenaarse Slag* (Autobusverbindung) einen schönen Strand. Durch die Dünen führen Fuß-, Fahrrad- und Reitwege an kleinen Seen vorüber nach *Scheveningen* und *Katwijk*. Wassenaar hat einen Zoo und eine Pferderennbahn.

⚐ Den Haag; Leiden u. a.

⚐ „Duinoord", Wassenaarse Slag 26; „De Kieviet", Stoeplaan 27.

Verkehrsverein: Johan de Wittstraat 1.

⚐ „Duinrell".

Wir fahren nun über *Den Haag*, 304 km (siehe S. 21), *Loosduinen* (⚐ und ⚐) und *Poeldijk* (Gemüseversteigerungen) weiter nach *Naaldwijk*, dem Mittelpunkt des *Westlandes*. Das Westland ist der „Gemüsegarten Hollands". *Naaldwijk* hat ein schönes Rathaus und um die Kirche (13.—15. Jh.) einen Ring alter Häuschen. Die staatliche Versuchsgärtnerei kann man besichtigen. — Unsere Route endet in

Hoek van Holland, 331 km, dem „Umsteigebahnhof" für die Überfahrt nach

Tulpenfelder bei Hillegom

England. Hier mündet der *Nieuwe Waterweg* (Neuer Wasserweg), der *Rotterdam* mit der Nordsee verbindet. Den regen Schiffsverkehr kann man von der 1 km langen Mole und vom Badestrand aus beobachten. Sehr empfehlenswert ist eine Schiffstour durch den *Europoort*, der Tanker bis zu 250 000 BRT. aufnehmen kann. Unterwegs kann man die technische Ausstellung „Eur-O-Rama" auf der künstlich aufgespülten Halbinsel *Maasvlakte* besichtigen.

⚓ Rotterdam.

⚐ Den Haag; Naaldwijk; Rotterdam.

⚐ „America", Rietdijkstraat 94—96; „'t Witte Huis", Burgweg 69. — ⚐ Tasmanweg.

Route 13: Nieuwe Schans — Zwolle — Utrecht — Rotterdam — Vlissingen (415 km)

Diese Route berührt u. a. einen der neuen Polder im *Ijsselmeer* und die neuen Dämme und Brücken im Deltagebiet von *Rhein* und *Maas*. Sie bietet wiederholt Gelegenheit, auf andere Routen abzubiegen, und ist auch als Durchgangsweg von der norddeutschen zur belgischen Küste geeignet.

Vom Grenzort *Nieuwe Schans* aus folgen wir zunächst der Straße *E 35*. Nach 13 km biegen wir links nach *Winschoten* ab. Dieses Industrie- und Marktstädtchen hat eine schöne Backsteinkirche aus dem 13. Jahrhundert.

In westlicher Richtung führt unser Weg nun durch das *Veengebiet* weiter nach *Veendam*. Dieses Veenland war ein großes Moor, das durch zahlreiche Kanäle entwässert wurde. An den Kanälen liegen langgestreckte Dörfer. Heute wird die ganze Gegend landwirtschaftlich genutzt. Über die Geschichte der Veenkolonien erzählt uns das Museum in *Veendam*.

Auf der Straße nach *Assen* kommen wir durch einen Landstrich, der schon in früherer Zeit besiedelt war. Hier findet man viele Hünengräber (keltische und germanische Grabmäler), u. a. unweit der Kirche in *Rolde*, das in germanischer Zeit Thingstätte und später Hauptstadt der Provinz *Drenthe* war. Heute ist

Assen (44 000 Einw.), 59 km, Provinzhauptstadt von *Drenthe*. Die Stadt liegt besonders reizvoll inmitten fruchtbarer Gärten. Von einem früheren Nonnenkloster blieb der Kreuzgang erhalten; die Kirche aus dem 13. Jahrhundert gehört heute zum Provinzialmuseum. Das *Gouvernementshuis* (Regierung) ist in neugotischem Stil erbaut. Unmittelbar am Kreuzgang, am schönen Platz *Brink* liegt das *Provinzialmuseum*, das eine Sammlung von der germanischen Zeit bis in die jüngste Vergangenheit enthält. U. a. werden hier Moorleichen, die *Veenleichen*, gezeigt. Südlich der Stadt ist eine Motorradrennbahn, in der Stadt gibt es einen Jugendverkehrspark.

🚗 Groningen—Deutschland; Zwolle.
🚌 Groningen; Winschoten; Meppel.
🏨 „De Brink", Brink 12. „Overcingel", Stationsplein 10.
🍴 „De Jonge", Brinkstraat 85.
Hallen-SB.

© „Witterzomer".
Verkehrsverein: Torenlaan 18.

Auf der *E 35*, die am Kanal *Drentsche Hoofdvaart* entlangführt, kommen wir durch das 16 km lange Dorf *Smilde*. Östlich davon, bei *Dwingelo*, steht ein riesiges Radioteleskop. In der Nähe von *Havelte* liegen einige Hünengräber. In dem Städtchen

Meppel (20 000 Einw.) 95 km, sollten wir unsere Fahrt unterbrechen. Es ist ein hübscher Industrieort, der sehr gepflegt in einer reizvollen Landschaft liegt. Besondere Bedeutung hat die Stadt als Landwirtschaftszentrum mit großen *Märkten*. Von hier sollten wir einen Ausflug zum berühmten Dorf *Giethoorn* (siehe S. 35) machen.

🚗 Groningen; Leeuwarden; Zwolle.
🚌 Groningen; Zwolle; Assen; Giethoorn- Leeuwarden; Staphorst.
🍴 „Worst", Steenwijkerstraatweg 10; „Kwint", Kerkplein 5–6; „Kielink", Prinsenplein. – ⚠.

Von *Meppel* aus führt unser Weg nach

Staphorst, 110 km. Die Dorfbewohner haben sich ihre hübsche Tracht bis in unsere Zeit bewahrt. Die Einwohner sind zum großen Teil strenge Calvinisten. Fotografieren von Personen ohne Zustimmung des Betroffenen verboten.
🍴 „Waanders", Rijksweg 12.

Hier können wir einen kleinen Umweg machen, indem wir in *Staphorst* von der Hauptstraße nach rechts abbiegen und durch eine schönere Landschaft mit Strohdachhäusern über *Rouveen* nach *Zwolle*, 128 km (siehe S. 34), kommen. Dann geht es in westlicher Richtung auf der Straße *N 91* weiter nach *Kampen*, 142 km (siehe S. 40). Etwa 5 km westlich von Kampen gelangen wir an der *Roggebotsluis* auf den Ijsselmeerpolder *Ostflevoland*. Er ist 540 qkm groß und wurde 1950—57 trockengelegt. Inzwischen ist er zum größten Teil besiedelt. Ideales Wassersport- und Campinggebiet. Im Westen entsteht die neue Großstadt *Lelystad*. Wir besuchen das Polderzentrum *Dronten*, in dem das Mehrzweckgebäude *De Meerpaal* besonders interessant ist. Von hier aus kann man einen Umweg über *Lelystad* machen und dort die Informationsschau über das Zuiderseeprojekt besuchen. Hinter dem westlichen Polderdeich liegt der neue Polder *Südflevoland*. Zwischen *Ostflevoland* und dem Festland liegt das *Veluwemeer*, ein Randsee, der verhindern soll, daß sich das Grundwasser auf dem Festland absenkt und auf dem tiefen Polder wieder hervortritt. Dieser See mit seinen Bootshäfen, Campingplätzen und Liegewiesen ist ein beliebtes Ziel. Dort liegt auch der vielbesuchte *Flevohof* (s. S. 39).

Wir fahren von Dronten zur Südspitze des Polders und dort über die *Hardersluis* nach *Harderwijk*, 180 km (siehe S. 38). Wir passieren nun auf der *E 35* den Nordteil der waldreichen *Veluwe*, durchqueren die Orte *Putten* (△) und *Nijkerk* (siehe S. 39) und erreichen *Amersfoort*, 212 km (siehe S. 36). Hier wechseln wir auf die *E 8* über. Sie führt durch eine Wald- und Heidelandschaft über *De Bilt*, wo sich das *Königliche Meteorologische Institut* befindet, nach *Utrecht*, 234 km (siehe S. 44). Weiter geht es auf der unter Route 6 auf Seite 45 beschriebenen Strecke über *Oudewater* nach *Gouda*. Von hier aus fahren wir auf dem südlichen Ufer der *Hollandsche Ijssel* zum ersten im Rahmen des Deltaplanes (siehe S. 7) errichteten Bauwerk, dem

Stormstuw (Sturmflutwehr) bei *Krimpen aan den IJssel*. Es wurde 1954—58 als letzte rückwärtige Sicherung gebaut und soll bei Sturmflutkatastrophen das unter dem Meeresspiegel gelegene Hinterland schützen. Bei Gefahr verriegelt es die Ijsselmündung. Es besteht aus einer 80 m breiten und 11,5 m hohen Stahlwand, die zwischen zwei 45 m hohen Türmen hängt. Eine Kammerschleuse sorgt dafür, daß der Schiffsverkehr auch bei geschlossenem Wehr nicht unterbrochen wird. Neben dem Wehr führt eine Brücke über den Fluß, die einen guten Überblick über die Anlage bietet.

Über diese Brücke fahren wir weiter nach *Rotterdam*, 294 km (siehe S. 24), wo dann der interessanteste Abschnitt unserer Route beginnt. Wir verlassen die Stadt durch den *Maastunnel* in Richtung *Dordrecht*. Bei *Barendrecht* biegen wir nach Süden ab und folgen der Straße, die etwa 3 km südlich dieses Ortes die *Oude Maas* unterquert, und erreichen nach einer Fahrt durch den Polder *Hoeksche Waard* am Meeresarm *Haringvliet* die

Haringvlietbrug (Haringvlietbrücke). Diese 1964 vollendete 1200 m lange Brücke führt uns zum

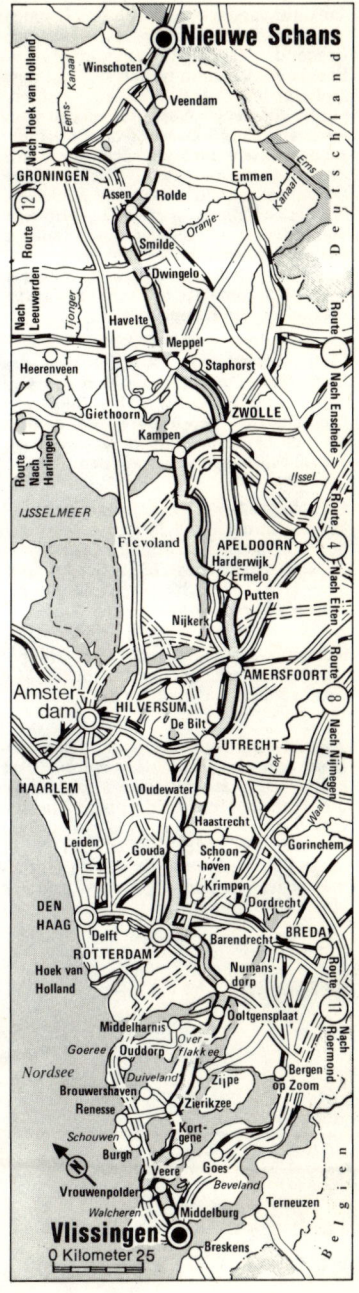

Volkerakdamm, einem von der Doppelinsel *Goeree-Overflakkee* zum östlichen Festland erbauten Sekundärdamm. Brücke und Damm treffen sich auf dem *Hellegatsplein,* dem künftigen Knotenpunkt der neuen Autostraßen von *Rotterdam* nach *Antwerpen,* von *Rotterdam* zu den Inseln und von den Inseln zur Provinz *Noordbrabant.* Der östliche Dammteil enthält drei große Schleusen für die Schiffahrt. Ferner ist hier eine Spülschleuse vorgesehen. Hier sollten wir einen Abstecher zum alten Festungsstädtchen *Willemastad* machen. Über den westlichen Dammteil fahren wir weiter zur Doppelinsel

Goeree-Overflakkee. Auf ihr liegt das Dorf *Middelharnis,* das durch das Gemälde von *Hobbema* „Die Allee von Middelharnis" bekannt wurde. Weiter westlich liegt der Badeort *Ouddorp.* An der Südküste erreichen wir den

Grevelingendamm, ebenfalls einen Sekundärdamm. Etwa 20 km weiter westlich soll 1972 der Abschlußdamm im *Brouwershavenschen Gat* vollendet werden. Über den Grevelingendamm gelangen wir zur Doppelinsel

Schouwen-Duiveland, mit der Hauptstadt *Zierikzee,* 367 km (siehe S. 51). 3 km südlich der Stadt beginnt die

Zeelandbrug (Seelandbrücke). Diese elegant anmutende Brücke wurde 1965 eröffnet und ist mit über 5 km Länge die längste Brücke Europas. Da die *Oosterschelde* hier bis zu 35 m tief ist, hat man für jeden Pfeiler drei 50 m lange Betonrohre von je 4,25 m Durchmesser in den Boden gerammt und mit einer 5 m starken Betonkappe verbun-

den. Über diese Brücke fahren wir in 17 m Höhe weiter zur Insel

Noordbeveland. Während die Straße geradeaus zum dritten Sekundärdamm, dem *Zandkreekdamm* (1956—60), weiterführt, biegen wir nach 3 km nach Westen ab. An der Nordküste der Insel liegt der Fischerhafen *Colijnsplaat,* an der Südküste die Jachthäfen *Kortgene* und *Kamperland* ⚓. Bei Kamperland empfiehlt sich ein Abstecher zur Nordküste, wo wir die Bauarbeiten am großen Abschlußdamm durch die sehr tiefe Oosterschelde beobachten können. Dieser längste Damm im Deltagebiet soll 1978 fertig sein. Unsere Straße führt am hübschen Feriendorf *De Banjaard* vorüber zum

Abschlußdamm im Veerse Gat. Dieser 13,5 m hohe Damm wurde in den Jahren 1956—61 erbaut. Seinen Kern bilden 7 Gitterträgersenkkästen (hohle versenkbare Betonkästen, die innen mit Eisengittern verspannt sind). Die Kästen sind je 45 m lang, 20 m breit und 20 m hoch und wurden in einer neben dem Wasser ausgehobenen Baugrube auf dem Trockenen hergestellt. Als alle Kästen fertig waren, setzte man die Baugrube unter Wasser. Die Kästen hoben sich und wurden dann mit Schleppern zur Abschlußstelle bugsiert und dort quer zur Strömung in langer Reihe aufgestellt. Dann öffnete man die in den Seitenwänden angebrachten Schieber. Das Wasser drang ein, und die Kästen senkten sich auf den vorher geglätteten Meeresboden. Da das Wasser hier 11 m tief war, versanken die Kästen somit etwa zur Hälfte. Dann schloß man die Schieber und spritzte ein Gemisch von Sand und Wasser in und über die Kästen. Schließlich erhielt der so entstandene Damm eine Abdeckung aus Asphaltbeton. Von der Dammkrone aus

Seelandbrücke – längste Brücke Europas

hat man einen weiten Blick auf die Nordsee, das *Veerse Meer* und Inselwelt. Der Damm ist 3 km lang und führt uns zur Insel

Walcheren (siehe S. 53). Beim Badeort *Vrouwenpolder* verlassen wir die Hauptstraße und fahren über eine Deichstraße nach

Veere (1000 Einw.), 401 km. Dieses verwunschene Städtchen besaß vom 15. bis 18. Jahrhundert das Einfuhrmonopol für die damals sehr wertvolle schottische Wolle. In seiner Blütezeit hatte es 10 000 Einwohner und war ebenso bedeutend wie die flämischen Städte *Brügge, Gent* und *Antwerpen.* Mit dem Niedergang des Wollhandels verlor auch Veere seinen Glanz und war dann lange Zeit nur Fischerstädtchen. Erst als durch die Dammbauten im Rahmen des Deltaplanes das *Veerse Meer* entstand, erhielt Veere als Ferienzentrum neuen Aufschwung. Heute liegen statt der stolzen Koggen weiße Segeljachten im idyllischen Hafen.

Von einstiger Größe kündet vor allem die riesige *Grote Kerk (Onze Lieve Vrouwekerk)* aus dem Jahr 1348, die ganz *Walcheren* überragt. Ihr Turm blieb unvollendet, bietet jedoch eine reizvolle Aussicht. Das prächtige Innere dieser gotischen Kirche wurde durch die Truppen *Napoleons,* die hier zunächst ein Lazarett und dann einen Pferdestall einrichteten, restlos zerstört.

Neben der Kirche steht der Stadtbrunnen (*Stadsfontein*) aus dem Jahr 1551. In ihm wurde das vom riesigen Kirchendach anfallende Regenwasser zur Trinkwasserversorgung gesammelt.

Sehr schön ist das gotische *Rathaus* aus dem Jahr 1474, das 1599 einen zierlichen Renaissanceturm erhielt. Der Turm besitzt ein reiches Glockenspiel, auf dem im Sommer am Donnerstagnachmittag und am Samstagabend Konzerte gegeben werden. Im Rathaus finden wir alte Waffen, Bilder, Karten und andere Gegenstände aus der Stadtgeschichte, unter ihnen den kostbaren *Maximiliansbecher* (1551). Im schönen Ratssaal befindet sich ein Stammbaum des *Hauses Oranien,* dem *Veere* als Marquisat unterstellt ist.

Einmalig schön ist die berühmte Hafenfront (siehe Bild S. 3) mit einer langen Reihe alter Giebelhäuser. Zu ihnen gehören die 1539 und 1561 erbauten *Schottse Huizen* (Schottische

Häuser), mit alten Möbeln, Büchern und einer Sammlung von seeländischen Volkstrachten.

Veere: Stadhuis

An der Hafeneinfahrt steht der *Campveerse Toren* (15.Jh.), ein alter Festungsturm. Er bietet eine schöne Aussicht auf das Veerse Meer. Der Turm war früher Herberge und enthält heute ein Restaurant mit einer Kunst- und Antiquitätensammlung.

Neben einer Schiffsrundfahrt auf dem *Veerse Meer* ist eine Schiffstour nach *Zierikzee* (siehe S. 51) sehr zu empfehlen. Man passiert dabei die Pony-Insel *Haringvreter,* einige neue Jachthäfen, die Schleuse im *Zandkreekdamm* und die riesige *Zeelandbrücke.*

🚌 Middelburg: Vrouwenpolder; De Banjaard — Kamperland.

🏨 „De Campveerse Toren", Kaai 12; „Het Wapen van Veere", Markt 25.

⛺ *Domburg,* Schelpweg 9.

⛺ „Veerse Gat", 2 km südlich von Veere. „De oude Scheepslantaarn", Huisweg.

Verkehrsverein: Markt 38.

Wir fahren nun in südlicher Richtung weiter über *Middelburg,* 408 km (siehe S. 53) nach

Vlissingen, 415 km (siehe S. 53), dem Endpunkt dieser Route. Von Vlissingen aus verkehrt eine Autofähre über die *Westerschelde* nach *Breskens.* Von hier aus kann man zum Seebad *Cadzand,* zu den belgischen Seebädern und nach *Brügge* und *Gent* weiterfahren.

Route 14: Hengelo — Arnhem — Nijmegen — Maastricht (242 km)

Von *Hengelo* (siehe S. 34) aus folgen wir zunächst der *E 8* über *Delden* (schönes Schloß) bis nach *Goor*. Hier nehmen wir die Landstraße über *Diepenheim*, in dessen Umgebung mehrere Schlösser liegen, nach *Zutphen*, 47 km (siehe S. 38). Wir überqueren die *IJssel* und biegen nach Süden ab. Über *De Steeg*, mit *Schloß Middachten* (1698; antike Möbel und Kunstgegenstände), und *Velp*, in dessen Nähe wir das *Internationale Schlössermuseum* im *Schloß Rosendael* besuchen können, erreichen wir *Arnhem*, 77 km (siehe S. 40). Unser Weg kreuzt hier den *Nederrijn* und führt über *Elst*, wo man beim Wiederaufbau der im Zweiten Weltkrieg zerstörten Kirche zwei römische Tempel aus dem 1. und 4. Jahrhundert n. Chr. freigelegt hat, nach *Nijmegen*, 95 km (siehe S. 48), das wir über die mächtige *Waalbrücke* erreichen. Dann folgen wir der *N 95* bis *Gennep*, wo wir die *Maas* überqueren und auf ihrem linken Ufer weiterfahren. Bei *Vierlingsbeek* können wir nach *Overloon* abbiegen, um das *Oorlogsmuseum* (Kriegsmuseum) zu besuchen. Es wurde zur Erinnerung an die Panzerschlacht von 1944 eingerichtet und enthält Waffen aller Art, Kriegsfotos und Dokumente. Südlich von *Overloon* liegt *Venray*, mit spätgotischer *St. Pieterskerk* (15. Jh; mit prächtigen spätgotischen Bildhauerarbeiten im Innern). Im Ort befindet sich ein englischer und 9 km weiter westlich, bei *IJsselsteijn*, ein deutscher Soldatenfriedhof. Wir wenden uns jetzt nach Osten und erreichen bei *Wanssum* wieder die *Maas*, der unsere Route in südlicher Richtung folgt. Über *Lottum* (Rosenzuchtbetriebe) kommen wir nach *Venlo*, 171 km (siehe S. 52). Südlich dieser Stadt passieren wir zunächst *Tegelen*, wo alle fünf Jahre Passionsspiele abgehalten werden, und *Steijl*, mit bekanntem Missionshaus und Missionsmuseum sowie Botanischem Garten. Bei *Swalmen* können wir einen kurzen Abstecher zum romanischen *Rozenkerkje* (Rosenkirchlein) in *Asselt* machen, dessen älteste Teile aus dem 11. Jahrhundert stammen. Ab *Roermond*, 195 km (siehe S. 54), benutzen wir die *E 9* und gelangen über *Susteren*, das eine schöne romanische Kirche hat, nach *Sittard*. Hier ist die riesige *Grote Kerk* (14. Jh.) sehenswert. Ihr Turm stammt aus dem 16. Jahrhundert. Die Stadt hat weitere schöne Kirchen und ein Heimatmuseum.

Man kann von hier aus einen Abstecher zur Grubenstadt *Heerlen* machen (26 km). Sie hat eine alte Kirche (*St. Pankratiuskerk*; 1180), ein schönes Rathaus und ein geologisch-archäologisches Museum.

In *Geleen* befindet sich die Steinkohlengrube *Maurits*, eine der größten und modernsten Gruben Europas. Geleen hat auch chemische Industrie.

Etwa 5 km vor *Maastricht* machen wir einen Abstecher nach

Valkenburg (13 000 Einw.), einem beliebten Ferienort im Tal der *Geul*. Es liegt in einem Gebiet, das als „Holländische Schweiz" bekannt ist. Sehr interessant sind die unterirdischen Grotten — frühere Mergelgruben, u. a. die *Gemeentegrotte*, deren Wasserspiegel sich auf unerklärliche Weise hebt und senkt —, die *Katakomben*, eine Nachbildung der Katakomben in *Rom*, die *Fluwelengrotte*, mit Wandmalereien und Figuren aus dem 12. Jahrhundert, und die *Lourdesgrotte*, eine Nachbildung der bekannten Grotte in den *Pyrenäen*. Auch die Burgruine und die alten Stadttore *Berkelpoort* und *Grendelpoort* sollte man sich ansehen. Unterhalb des *Heunsberges*, mit beliebtem Aussichtsturm, kann man das Modell einer Kohlengrube besichtigen. In der Nähe des Ortes liegen mehrere Schlösser.

🚂 Maastricht; Heerlen; Aachen.

🚌 Maastricht; Heerlen; Vaals. — ⛵.

🏨 „Prinses Juliana", Houthemmerweg 11.

🏨 „Voncken", Walramplein 1.

🍴 „De Ruiter", St. Gerlach 43. — ©.

Verkehrsverein: Th. Dorrenplein 5.

Maastricht (125 000 Einw.), 242 km, ist die Hauptstadt der Provinz *Limburg*. Die Stadt wurde schon in der Römerzeit gegründet und war später eine wichtige Festung an der *Maas*.

Der *Dom* (*St. Servaaskerk*) stammt in seinen ältesten Teilen aus dem 6., im wesentlichen jedoch aus dem 11., 13. und 15. Jahrhundert. Diese älteste Kirche Hollands enthält das Grab des *heiligen Servatius*, mit prächtigem Reliquienschrein (12. Jh.), und besitzt einen kostbaren Kirchenschatz.

Die Liebfrauenbasilika (*Onze Lieve Vrouwebasiliek*) ist das schönste romanische Bauwerk des Landes. Sie wurde um das Jahr 1000 errichtet, später jedoch mehrmals umgebaut. Bemerkenswerter Chor mit schönem, im romanischen Stil erbauten Umgang. An die Nordseite der Kirche schließt sich ein eindrucksvoller spätgotischer Kreuzgang an.

Die dritte alte Kirche ist die am schönen Platz *Vrijthof* (Verkehrsmittelpunkt der Stadt) gelegene *St. Janskerk*, die frühere Taufkapelle von *St. Servaas*. U. a. besitzt sie eine prächtige Kanzel. Von ihrem hohen Turm kann man weit in das Maastal blicken.

Die im vorigen Jahrhundert restaurierte gotische *St. Matthiaskerk* an der *Boschstraat* hat einen mächtigen Turm aus dem 15. Jahrhundert.

Am Markt steht das von *Pieter Post* entworfene Rathaus, ein elegantes Gebäude des 17. Jahrhunderts mit Glockenturm und Glockenspiel. Zu seiner Innenausstattung gehören u. a. kostbare Brüsseler Wandteppiche. Man darf dieses Rathaus nicht mit dem *Oud Stadhuis* (*Dinghuis*) verwechseln. Dies ist ein Gerichtsgebäude aus dem 15./16. Jahrhundert und steht in der *Kleine Staat*.

Das *Provinzialmuseum*, *Bonnefantenstraat 4*, enthält Altertümer und ist gleichzeitig kirchliches Museum. Weitere Museen: in der *Liebfrauenkirche* und am *Bosquetplein* (naturhistorisches Museum).

Von der alten Festung sind Mauerreste, mehrere Türme und Tore erhalten. Die *St. Servaasbrug* wurde schon im 13. Jh. über die Maas gebaut.

Lohnend ist ein Ausflug zum *St. Pietersberg* (4 km südlich der Stadt), mit alten Steinbrüchen aus der Römerzeit (lange unterirdische Gänge). Im „Noordelijk Gangenstelsel" und in der Grotte *Zonneberg* finden wir Fossilien und Holzkohlezeichnungen.

🛳 Eindhoven; Venlo; Heerlen; Aachen; Lüttich.

🚌 Valkenburg; Vaals—Aachen u. a.

🚢 Lüttich (Saison) und Rundfahrten.

✈ Amsterdam, Eindhoven.

🏨 „Du Casque", Vrijthof 52; „Derlon", Onze Lieve Vrouwenplein 6.

🏨 „Dominicain", Helmstraat 16; „Hotel de l'Empereur", Stationsstraat 2.

⌂ „De l'Univers", Kleine Straat 12.

⛺ Vaals, Prins Bernhardplein 13.

⛺ „Bergrust", St. Pietersberg.

Verkehrsverein: Vissersmaas 4/5.

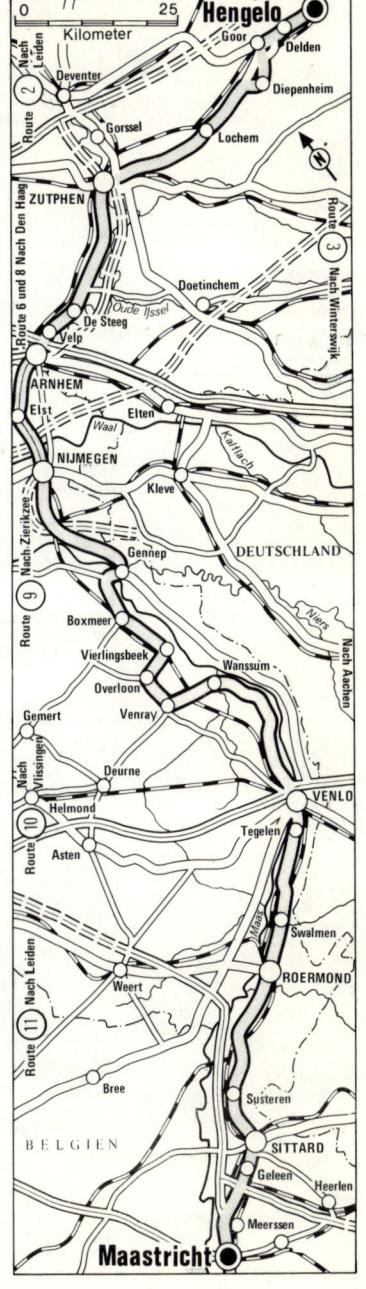

Register